宁鸣而死，不默而生

于右任◎等著

# 张季鸾

中国文史出版社

**图书在版编目（CIP）数据**

张季鸾：宁鸣而死，不默而生/于右任等著．
-- 北京：中国文史出版社，2020.1
（百年中国记忆．报人系列）
ISBN 978-7-5205-1511-5

Ⅰ.①张… Ⅱ.①于… Ⅲ.①张季鸾（1888-1941）
—纪念文集 Ⅳ.① K825.42-53

中国版本图书馆 CIP 数据核字（2019）第 242910 号

**责任编辑：卜伟欣**

出版发行：**中国文史出版社**
网　　址：www.chinawenshi.net
社　　址：北京市海淀区西八里庄 69 号院　　邮编：100142
电　　话：010-81136606　81136602　81136603（发行部）
传　　真：010-81136655
印　　装：北京新华印刷有限公司
经　　销：全国新华书店
开　　本：16 开
印　　张：16.5
字　　数：186 千字
版　　次：2020 年 3 月北京第 1 版
印　　次：2020 年 3 月第 1 次印刷
定　　价：49.00 元

目录
contents

宁鸣而死，不默而生

第一辑

**报界宗师　生平旧事**

# 报界宗师张季鸾先生

王文彬[*]

## 一、做总编要学张季鸾

季鸾先生，文坛巨擘，报界宗师，《大公报》的总编辑，主持笔政。关于他，1958年9月，毛主席曾对当时《人民日报》总编辑吴冷西同志说过。《大公报》从天津起家时，是由三个人的"合作社"从别人手里接办的。这三人"合作社"是吴鼎昌出钱，胡政之经理，张季鸾主笔。抗战前，虽然不断有所发展；但在整个中国时局中没有多大分量。抗日战争时期是《大公报》的鼎盛时期，国共两党合作的局面，给《大公报》发挥其作用提供了条件。

吴、胡、张三人合办《大公报》时，相约只办报不做官，但

---

　＊　王文彬：陕西蒲城人，曾任重庆版《大公报》经理。现任重庆市政协副主席。

后来吴、胡都做官了，只有张季鸾没有官职，他却是蒋介石的"国士"。张本人年轻时，在日本留学，虽然许多留学生都参加党派，但他始终以超党派自居。此后，特别是在国共合作时期，他更是以第三者标榜。他在重庆经常来往于国民党和共产党之间。他同陈布雷交往甚深，同时也常到曾家岩走走，到处打听消息，然后从中做他的文章。他办报素以客观、公正自夸，平常确也对国民党腐败加以揭露批评，但每到紧要关头，如皖南事变发生后，他就帮蒋介石骂周恩来了。

人们把《大公报》对国民党的作用叫作"小骂大帮忙"，一点也不错。但张季鸾摇着鹅毛扇，到处做座上客。这种"眼观六路、耳听八方"的观察形势的方法，却是当总编辑的应该学习的。

办报要听到各方面的议论，写评论才能有所为而发。这方面你要学张季鸾。

我们报纸有自己的传统，要保持和发扬优良的传统；但别人的报纸，如解放前的《大公报》，也有他们的好经验，我们也一定要把对我们有益的东西学过来。（摘自《新闻战线》1988年第五期吴冷西同志《回忆毛主席的几次谈话》）

的确这极为真切，季鸾先生日日夜夜忙于调查研究，分析时事；浏览各种报纸、杂志，接触社会各界人物，力求弄清事实和问题，作他写评论的根据。因此，他的文章密切结合实际，热情感人，很受读者赞佩。季鸾先生真不愧为一代政论家，蜚声中外。

# 二、精诚合作致力办报

1926 年，吴鼎昌先生一次投资五万元，胡政之先生负责经营管理业务，张季鸾先生主持笔政，组成大公报新记公司，接办了天津《大公报》。为了办好《大公报》，他们对国内外政治形势经常进行分析研究，然后决定他们的政治主张，多由季鸾先生执笔写成《大公报》社评。其他人写的，仍由季鸾先生修改定稿。

1931 年"九一八事变"后，日本侵略军全部侵占了东北三省，至1935 年，使整个华北局势动荡不安。因此，《大公报》三位负责人经过精心策划，决定将《大公报》事业尽早南移，一方面进一步靠近南京国民党政府，另一方面决心集中方量，在当时全国新闻事业中心——上海创办《大公报》上海版。

当时上海《申报》《新闻报》等报，不仅已独霸上海报业市场，而且其销报范围已伸延至华东各省市。申、新两报都日销十万份以上。《新闻报》经常日出七八张。《时事新报》曾增加到十四张之多。同业之间竞争激烈。

1936 年 4 月 1 日，《大公报》上海版创刊，季鸾、政之两先生都全力以赴。深知《大公报》在篇幅方面不可能和《申报》《新闻报》等报竞争，只有千方百计充实报纸内容，尽可能做到丰富多彩，满足各方面读者的需要。因此，上海《大公报》的国内外电讯比天津《大公报》时期大大增加了。

言论方面，季鸾先生主持的天津《大公报》社评，早引起全国军政界、文化教育界和新闻同业的注意。上海《大公报》创刊后，天津、上海两版同时发表社论，读者更多、影响更扩大了。《大公报》特别约请全国名流学者数十人撰写"星期论文"，更引起全国文化教育界、科学技术界广大读者的重视。

《大公报》的编辑方法，一贯采取精编主义。只要某一事件发生后，不论本市与外地同一新闻，均集中编辑在一起，极力便利读者阅读，节约读者宝贵时间。本市新闻也是上海各大报竞争的焦点。《大公报》很重视本市新闻，我当时负责采访，处理来信来访，力争要有"独家新闻"刊出，在同业中显得突出，引起广大读者注意。

季鸾先生和政之先生共同主持《大公报》（长沙《大公报》除外）十五年之久，始终真诚团结合作，没有发生过大的分歧意见。他们都很重视人才，特别注意吸收新闻同业中具有业务专长的人才，只要时机成熟，就及时延揽到《大公报》工作。例如：王芸生兄原任天津《商报》总编辑，王离开《商报》不久，就吸收到《大公报》来。后来，参加《大公报》的张琴南、许君远两兄，都是《北平晨报》的主要骨干。

季鸾先生和政之先生的分工非常明确：季鸾先生专心主持大公报的言论、主张，政之先生总揽经营管理和人事调配。季鸾先生很尊重政之先生，谁也没有从季鸾先生口中听到说过政之先生有什么。他真诚对人，始终如一。

季鸾先生和政之先生的性格、爱好、生活作风并不相同：政之先生比较严肃，不苟言笑，平时沉默寡言，对外交际较少，差不多日日夜夜都在

宁鸣而死，不默而生

报馆内部工作，认真、细致、勤劳。对外活动，多是预先约好才出动。季鸾先生体弱多病，但兴趣广泛，爱好昆曲，健谈好客，乐于助人，几乎有求必应，广结善缘。有人讥讽说："张先生的介绍信满天飞。"他结交三教九流，随时研究社会问题；每日来访者接连不断，随时了解社会情况。

季鸾先生每天下午来编辑部，主要看看各报的社论和新闻报道有些什么特点。晚间到编辑部，首先要看中外电讯稿。以作写社评的思想准备。大约夜十时后，才动笔写社评，有时夜十二点才写。为了不耽误排字、校对、出报时间，他常常写一段社评，先发排一段，最后再审阅小样，做些必要的修改与补充，他写的社评，都是密切结合当天发生的国内外大事，或是人民群众关心的重大问题。褒贬得当，论证有力，为广大读者所乐于阅读。当年《大公报》的社评，曾在社会上引起强烈反响，朝野关注。

# 三、社评中显露的季鸾先生不党、不卖、不私、不盲

1931 年 5 月 22 日，张季鸾先生在《大公报——万号纪念辞》中说："本社前后同人之苦痛烦闷，同时即为四万万同胞共同的苦痛烦闷，今犹有待于挣扎奋斗者也。"

本社"负责同人并相约不兼任政治上任何有酬之职务。刊之第一日，当以事昭告国人：一曰不党，纯以公民之地位，发表意见，此外无成见，无背景。凡其行为利于国者，拥护之；其害国者，纠弹之。一曰不卖，声明不以言论做交易，不受一切带有政治性质之金钱补助，且不接受政

治方面之入股投资。是以吾人之言论，或不免囿于智识及感情，而断不为金钱所左右。一曰不私，本社同人除愿忠于报纸固有之职务外，并无他图。易言之，对于报纸并无私用。愿向全国开放，使为公众喉舌。一曰不盲，夫随声附和，是谓盲从。一知半解，是谓盲信。感情所动，不事详求，是谓盲动。评论激烈，昧于事实，是谓盲争。吾人诚不明，而不愿陷于盲。以上四端，为在当时环境下所能表示之最大限，亦同人自守自励之最小限。今者检查过去，幸未背创办人之精神，得勉尽同人公开之誓约。虽然，其志是矣，其效则微"。

**勿自促国家之分裂**

季鸾先生不断研究政治时事问题，深感团结御侮、国家统一的重要性。1935 年 12 月，他写的《大公报》社评《勿自促国家之分裂》一文主要说："时局在平津，平津重心在宋司令（哲元），故对宋氏进言。""是以当此千钧一发之时，应认定无论如何，必须保障国家之统一。为公为私，为国家，为地方，皆须守此最后轨道。"

"今日北方之事，乃国家遭遇重大之外患，与民国以来内政上之纠纷，毫无类似之处。"

这篇社评发表后，感动了千千万万名读者，引起宋哲元不满，因《大公报》设在天津法国租界，不能查封，立即严令平津邮局停止邮寄《大公报》，实行经济制裁，后来经过国民党要人说情，《大公报》开始恢复邮寄。

**我们要使报纸对大家有用**

1937 年上海"八一三"抗战开始后，张季鸾先生倩同极少数老职工，

宁鸣而死，不默而生

在敌机轰炸中由上海到汉口，经过匆忙筹备，同年"九一八"纪念日创刊汉口《大公报》。张先生在社评《本报在汉出版的声明》中主要说："我们原是天津报，从去年四月在津、沪两地发行。此次平津沦陷，我们在天津停版了。接着上海战起，上海本报也邮递困难。因此决定一面维持沪版，一面在汉口出版。

"我们愿向读者诸君声明几点：第一，我们向来是营业独立的报纸，但经济困难，已经将多年的经济基础牺牲了。现时在汉出版，设备简陋，一切不够用。希望各地读者诸君特别原谅，特别援助。第二，本报每日只出一大张。我们要竭尽心血，使这一张纸对大家有用。我们要尽可能搜集战地确讯，并加以正当的批评观察。要尽可能集中全国各界权威的救国高见。第三，我们这一张纸，希望全国各界充分利用，恳求智识权威充分合作。我们尤其盼望在前线或后方做各项工作的各位，与我们保持联络，投稿或通信。"

无我与无私

1938年6月，张季鸾先生曾发表《无我与无私》一文，主要说："新闻记者于处理问题，实践职务之时，其基本态度，宜极力做到无我与无私。何谓无我？是说在撰述或记载中，竭力将'我'字撇开。根本上说，报纸是公众的，不是我的。警如发表一主张，当然是为主张而主张，不要夹杂上自己的名誉心或利害心。而且要力避自己的好恶爱憎，不任自己的感情支配主张。特别感情冲动，最是误事。一己之好恶爱憎，往往不将真相，所以立言之时，要对自己切实检点，看是否为感情所误。

"报人采访新闻，撰述纪事时，也是一样。在普通情形下作纪事，用不着把自己写在里面。要纯采客观的态度，就是一切以新闻价值为标准。若自审自己之事，无新闻价值，那就应完全抛开。采访纪事，也务须力避感情冲动。譬如访问一人，得到不愉快的印象，但作纪实时，仍当公平处理。"

还说："自根本上讲，报人职责，在谋人类共同福利。不正当的自私其国家民族，也是罪恶。我们抗日，绝非私于中国。假若中国是侵略者，日本是被侵略者，那么，中国报人就应当反战。现在中国受侵略，受蹂躏，所以我们抗拒敌人，这绝对是公，不是私。报人立言，不应私于一部分人，而抹杀他部分人，更不私于小部分人，而忽略最大部分的人。

"私的最露骨者，是谋私利，这是凡束身自好的报人都能避免的。其比较不易泯绝者，是利于所亲，利于所好，而最难避免者，为不自觉的私见。彻底的无私，难矣。报人立言，焉得无错，但只要动机无私，就可以站得住，最要戒绝者，是动机不纯。"

最后说："我们报人不可妄自菲薄，报人的修养与政治家的修养实在是一样，而报人感觉之锐敏，注意之广泛或过之。我盼望也相信现时全国有志的青年记者，只要努力自修，将来一定要养成不少的担当新中国责任之政治家。"

自誓绝对效忠国家

1938年10月17日，汉口《大公报》发表张季鸾写的"本报移渝出版"一文，摘要如下："本报汉口版，是继承天津本报而来，于去年九月中旬移汉出版，迄今已一年另一个月。

"我们相信，在这抗战期间，一切私人事业，精神上都应认为国家所有。换句话说，就是一切事业，都应当贡献国家，听其征发使用。各业皆然，报纸岂容例外。我们的报，在津在沪，经多年经营，有相当基础。但自经暴敌进攻，我们事业财产，已大抵随国权以俱沦。所以在汉出版，实际上只是几个人，此外毫无所有。而这些人之可能贡献国家者，只是几支笔与几条命。我们这一年多，实在无成绩，但自誓绝对效忠国家，以文字并以其生命献诸国家，对国家为最有效率的使用。现在决心还是这样。我们迁渝出版，也是为工作效率。其实，虽说是迁，何尝迁些什么。除过若干职员、工友之外，说到机器工具，真真简陋得可笑。所以我们心里，只有工作问题，说不到事业问题。在武汉工作适宜之时，就在武汉，重庆更较适宜之时，便移重庆。

"我们永远与全国抗战军民的灵魂在一起。我们尽忠于这个舆论界的小岗位，以传达并宣扬中国民族神圣自卫的信念与热诚，使之更贯注而交流。假若国家需要我们上战场，依法征召，我们便掷笔应征。不然便继续贡献这一支笔，对国家作有效的使用。希望读者诸君鉴此微诚，仍加爱护，并相信我们每一个读者，都是贡献其一切于国家，都守其岗位，忠于工作。我们深信这就是抗战最后胜利之绝对保障，感与全国读者共同努力！"

抗战与报人

1939年5月5日，香港《大公报》发表张季鸾先生写的社评，以"抗战与报人"为题，摘要如下：

香港一大部分记者今天举行国民公约宣誓礼。这在中国报界是一件严肃隆重的大事。

　　中国报业受日人侵略战争的影响太大了。因为使得报业性质、报人地位，都发生了重大变化。过去中国报业，对政治，贵敢言，对新闻，贵争快，消极地说，是反统制，反干涉。其结果，只有大规模经营的报纸能以发达，已不是清末报业初期文人办报的简陋情形。

　　抗战以来，却完全改变了。先从报的本身说，自日军大举来犯，报的商业性受了打击，规模愈大者，损害愈多。报的生命线在交通，而交通阻塞了，或者破坏了。自从抗战，已没有能达到全国的报纸。除过上海租界，尚能做商业的经营之外，广大内地的报纸都失去了经济基础。本来，任何私人事业，与国家命运不可分，报纸亦然。自从抗战，证明了离开国家就不能存在，更说不到言论自由。本来信仰自由主义的报业，到此时乃根本变更了性质。就是，抗战以来的内地报纸，仅为着一种任务而存在，而努力，这就是为抗战建国而宣传。所以现在的报，已不应是具有自由主义色彩的私人言论机关，而都是严格受政府统治的公共宣传机关。国家作战，必须宣传，因为宣传战是作战的一部分，而报纸本是向公众做宣传的，当然义不容辞地要接受这任务。国家今天有权要求任何人民去上前线，去效死，有权要求人民献产或毁产。那么，做报的人，起码当然贡献一张报于国家，听其统治而使用。现时内地存在着的私人经营的报纸，一天天少了，而存在着的都是这样认识自己与勉励自己。

　　再从报人说，自从抗战以来，时时觉得自己的存在，太渺小了，也太无用了。今天担任抗战宣传的重心，已绝不在号称大报的报人，而是在前线的政治工作人员。或沦陷区域秘密工作的斗士。凭良心说，在平津或他处，吃苦冒险，抄录一点中央广播，用膳写版，密密层层写出来，

而千方百计送达给爱国同胞者，实在伟大、实在可感，我们万万愧对。

再从另一方面说，抗战宣传，并不专靠文字，尤其不专靠报纸，现在多少图画家在绘画，多少音乐家在制谱，多少剧团、多少歌咏队在前方后方勤苦工作！举个例说，汉口的孩子剧团，不论在何地方，几时唱给军官士兵们听，几时使得大家流热泪。

抗战以来，报人上前线者，确也受不少辛苦，但比其战士来其劳逸安危，不知差了多少，就比战地男女政治工作人员也差得多。总之一句话，报业受了牺牲，而牺牲哪有战士大，报人吃的辛苦，而辛苦哪有战士高。所以我们二年来的感想，实在觉得民族太伟大，而自己却太渺小了。我们这班人，本来自由主义色彩很浓厚的。人不隶党，报不求人，独立经营，久成习性。所以，在天津、在上海之时，往往与检察机关小有纠纷，然抗战以后，在汉、在渝，都衷心欢迎检查，因为生怕记载有误，妨碍军机之故。

"我们并且十分信仰：要保卫民族自由，必须牺牲许多部分的个人自由，要拥护国家的独立与完整，必须一切人民意志集中。简言之，报人必须与前线将士一样，要自认在抗战工作中有其小小岗位。而全体同胞各守岗位，各尽职责，这就是国家胜利的绝对保障。本社同人上战地者亦不少，幸无生命牺牲。连日重庆街市受日机空袭，商民死伤重大。我们渝社房屋震毁，而社员皆安。我们刻刻念及全国军民的牺牲、战地城乡的残破，深感我们在后方的报人毕竟努力不足。"

不求权不求财不求名

1941 年 5 月 15 日，张季鸾先生代表《大公报》同人发表"本社同人的声明"，主要说："美国米苏里大学新闻学院赠本报荣誉奖章，这是赠给中国报界的第一次。本社同人在抗战四年中，对国家社会甚少贡献。论冒险，断不及上海同业；论劳瘁，则不如前线报纸。至于宣扬抗战建国之大，则不过勉随全国同业之后，同心同德，亦步亦趋，此外并无特长。

"今天国际报学界对我们有了新的认识，这全是国家抗战四年之赐。因为抗战，国家受了重视，连带的中国报也得到国际的注意。所以，我们今天参加庆祝会的人，应当一致认识，凡荣誉都应当首先归于抗战四年为国流血的全体国军将士。

"我们同人都是职业报人，毫无政治上、事业上，甚至名望上的野心。就是不求权、不求财，并且不求名。我们以为不求权、不求财，是士人常行，容易办，不求名却不甚容易。因为办报都希望人爱读，读者越多越欢喜，名声越大越高兴，而危机也就在这里。因为一个报人若只求卖虚名，得喝彩，有时要犯严重错误，甚至贻祸国家。我们经营本报十五年，自省积极地尽责太不够，而在消极方面，则差堪自守，尚无大过。

"我全体报人的道德标准，只有比我们更高。这有明证，就是在上海及其他沦陷区城的报人的勇敢！我们愿乘今天的机会，特别向全世界报人夸耀我们同业。我们敢说，在上海等处为国尽忠的中国报人，在道德上是世界第一等！这班人，当然是不求权、不求财，也并不求名，而只是尽职责。他们生命危了，不用说了，最难是昼伏夜动，勉强工作，长期忍耐，时刻不安，就此而论，可以说他们比前线官兵更勇敢，更艰苦。迄现在为止，业已牺牲了许多可敬佩的报人的生命，而前仆后继，依然不衰。就《大公报》说，我们尊重米苏里所给的荣誉，更要努力为自由正义而奋斗，同时相信我全国同业奋斗之勇敢，更在《大公报》以上！"

祝中国最后胜利

抗日战争时期，张季鸾写的《大公报》社评，最主要的内容是宣传抗战到底，不达胜利不止。这是有目共睹、国人公认的。1941年7月7日，张季鸾写的《大公报》社评《抗战四周年纪念辞》，在结尾处写出最明确的口号："祝中国最后胜利！祝世界反侵略友邦胜利！打倒企图征服中国的日寇！打倒企图瓜分世界的三国同盟！打倒日汪伪约！打倒汉奸汪精卫！"

这十条口号，不仅十分明确表示他的立场、观点与政治主张，而且这种高呼口号的社评在《大公报》本报，在整个中国新闻界，都是前所未有的。这篇社评，也是他逝世前在病中写的最后一篇社评。

# 四、坚持团结抗战功在国家

1941年9月6日，张季鸾先生逝世时，曾有遗嘱，"要求《大公报》同人为驱除暴敌，恢复国家民族的独立自由而敬慎将事，努力弗懈"。

国民党元老、季鸾先生的好友右任先生在祝贺季鸾先生五十岁寿辰时，曾在祝寿诗中赞扬季鸾先生"处处忙人事，时时念国仇"。季鸾先生逝世后，于右任先生在悼念文章中说：张季鸾"抗战以来，尤于立国大义，国防要端，大声疾呼，弥久愈奋，不自顾其穷，不自惜其病，不自恤其死，唯念念在国家，念念在职务，直至自己最后之一息"！

重庆新闻界和各界人士一千多人，曾于9月26日举行隆重的公祭大会。蒋介石亲往吊唁，国民政府也明令褒扬了季鸾先生。

季鸾先生逝世后，中共中央领导人毛泽东、陈绍禹、秦邦宪、吴玉漳、林伯渠五位中共参政员在延安发出联名唁电说："季鸾先生在历次参政会内，坚持团结抗战，功在国家。"

当时，周恩来、董必武、邓颖超三同志久居重庆，也联名发了唁电，赞扬说："季鸾先生，文坛巨擘，报界宗师，谋国之忠，立言之达，尤为士林所矜式……"

中共机关报重庆《新华日报》除用大量篇幅刊登各界唁电、唁函外，还发表了《季鸾先生对报业的贡献》的短评，说："大家认为季鸾先生对新闻事业有其不可磨灭的贡献。先生的立场则为团结御侮，跻中国于民主国家之林。他的这种政治主张，表现在言论上始终很明确。这是他所以蜚声海内外的基因。"

同时，周恩来、邓颖超夫妇曾联名送了挽联："忠于所事，不屈不挠，三十年笔墨生涯，树立起报人模范；病已及身，忽轻忽重，四五月杖履失次，消磨了国士精神。"

政之先生暨《大公报》其他负责人为了永久纪念季鸾先生，特在各地《大公报》内部分设"季鸾堂"。政之先生亲自主持编辑《季鸾文存》一书，上下两册，特请于右任先生题写书名。

季鸾先生逝世时，我在桂林，曾在桂林《大公报》发表《学习季鸾先生》一文，以志哀思。

张季鸾

宁鸣而死，不默而生

# 论坛宗师张季鸾

徐铸成等

本文是以徐铸成《报人张季鸾先生传》为基础，参用胡政之《社庆日追念张季鸾先生》，李侠文《我所认识的张季鸾，胡政之两先生》、曹世瑛《旧大公报总编辑张季鸾》，王芸生、曹谷冰《新记公司大公报的经营》，周雨《张季鸾传略》等篇的史实，综合编写。

我国近代新闻史上出现过不少著名记者、著名新闻工作者、办报有成就的新闻事业家，但未必都能称为"报人"。

历史是昨天的新闻，新闻是明天的历史。对人民负责，也应对历史负责。富贵不淫，威武不屈；不颠倒是非，不哗众取宠，这是我国史家传统的特色。称为"报人"也应该具有这样的品德。

张季鸾先生1911年参加《民主报》，到1941年逝世，终生本着"新闻救国"“言论报国"的初衷，度过了整整 30 年的记者生涯。1926 年主持《大公报》笔政以后，15 年间驰骋报坛，声名远播，其影响之大，在欧美报人中亦不多见。

张季鸾一支"笔"，包括文笔犀利、议论精辟的新闻评论，首创一格的新闻编辑和标题，以及由于他的新闻敏感，指挥采访、写作的独特新闻，在我国近代新闻史上都开风气之先。张季鸾无疑是一位杰出的报人。

# 经史学业根柢深厚

张季鸾，名炽章，祖籍陕西榆林。1888 年 3 月 20 日生于山东省邹平县。他的父亲张楚林，字翘轩，中进士后以知县分发山东，曾几任知县，为人谨慎，名声较好。他的母亲王夫人是继室，鲁南沂水人。

张季鸾为翘轩第三子，自幼爱读书，十岁左右，四书五经都已熟读，文章已能成篇。翘轩常对夫人说："这孩子很聪明，将来会成大器。"

1901 年张楚林病死济南。当时张季鸾 13 岁，与母亲及两妹扶柩回籍，从山东到榆林，历尽艰辛。

回到家乡，张季鸾奉母命进入榆阳中学堂。主讲的田善堂老师见他对四书五经，乃至《国策》《国语》均能问一答十，对答如流，遂介绍他去醴泉的"味经书院"，就教于刘古愚老先生。刘先生对历史、地理造诣很深，课余常给学生讲长城内外的山川形势，以及历史上各次重大边患。受刘先生的鼓励，张季鸾假期多外出实地考察。

1903年张季鸾随刘光蕡先生转往三原宏道书院(后改宏道学堂)读书。在三原，他结识了于右任以及后来在辛亥革命、护国之役崭露头角的三陕精英井勿幕等。

1904年，陕西学台沈卫（兼巢）考试全省士子，张季鸾去赶考误了"卯"，不准入闱。17岁的童生张季鸾一再央求，请予通融。沈学台知他是著名学者刘古愚的高足，经史学业定有根柢，就出一道题，命他当场写出长城各口的形势概况。他不假思索，不到一小时就交卷。从嘉峪关到山海关长城各险要关口形势，按次序写得很清楚，特别对三边到榆林一带的形势、设防沿革，叙述扼要。沈学台看了即嘱带他入闱，考试成绩也很优异。沈学台留他在省城的书院学习，并定期亲自考核。此时，沈钧儒正在他叔父沈兼巢幕里佐理文牍，同张季鸾时常交谈，成为朋友。沈钧儒比张大13岁，是忘年交，情谊深厚。

1905年清政府命令各省选派学生赴日留学，沈学台把张季鸾列入官费留学生，但他因母丧守孝，推迟一年。在此期间，补习了日文，到1906年才东渡。

## 与沈钧儒、李仪祉同船东渡

3月初，张季鸾在亡母王太夫人坟前拜别，离开故乡榆林，到西安拜见学台兼巢先生。在学署盘桓半月，办好出国手续，有他的远房亲戚李仪祉和沈学台的侄子沈钧儒与他同行。李仪祉早先已去日本学水利，这次因家事请假回国，假满正准备返校。三人经郑州，乘京汉路火车去汉口。一路上李仪祉帮助季鸾学说日本口语；沈钧儒则与他探讨经史。

到汉口，除参观游览外，张季鸾在法租界的书店里买到东京出版的《民报》和《新民丛报》。这几年，张已读过郑观应、王韬等洋务派的书；也读了不少梁启超、康有为的文章，受他们的爱国、维新、立宪的思想影响相当深，对梁启超洋洋洒洒、"笔锋常带感情"的文风，尤为钦佩。

乘江轮到上海。张季鸾大部分时间躲在旅馆里看报章、新书。那时，上海的华文报纸只有《申报》《新闻报》两家，都是有光纸印的；内容为市井琐闻、市场行情、宫门钞之类；偶有外国新闻，大都是从英文《字林西报》译转的。另外一些小报如《繁华报》之类，满纸刊登斗方名士的作品，引不起兴趣。他从旧书摊上寻找过去想看而看不到的章太炎作序的邹容《革命军》、陈天华《猛回头》以及《苏报》、《时务报》等残本，如饥似渴地细细翻阅。

有一天，李仪祉带于右任到旅馆来，旧友重聚。于右任说他正邀集友人准备创办报纸，他说："没有一份开风气之先的报纸，我们这些书生，将百无一用，报国无门了。"他的话句句打动着季鸾的心。他多年受刘古愚先生的熏陶，又熟读顾炎武、王夫之的著述，早就立志要以文章报国。他们在上海勾留5天，与于右任恳谈三次。这于、李、张三位若干年后各有建树，被称为"陕西三杰"。

初到东京的张季鸾，由三原宏道书院的同学井勿幕迎接，并为他租了一间房子，还为他补习日文和口语。张不久就能看日文报纸，一般日语会话也能应付了。他先入经纬学校，后转东京第一高等学校，他能听讲、记笔记，各科课程全应付自如。课余阅读《朝日新闻》《每日新闻》《报

知新闻》等报纸。

陕西同乡康心孚和井勿幕年龄相仿，钦佩张的知识广博，文笔犀利，谈话十分投机，成为深交挚友，留日的陕西进步青年创刊《夏声》。推举张季鸾为编辑。

1906年冬，于右任到日本，访谒孙中山，加入同盟会；曾和井勿幕、张季鸾谈到他将创办报纸，约他们供稿。1907年4月，《神州日报》果然出刊，张读到后很振奋，因忙于《夏声》编辑工作，未为《神州日报》撰稿。但回国后将献身新闻事业，那时已下定决心。

1908年夏，张季鸾短期回国完婚，在家乡榆林住了一些时候，曾被邀请到榆林府中学堂讲了几次课。年底前赶回日本，继续攻读，并编辑《夏声》。

## "发愿终身做记者"

井勿幕介绍张季鸾和孙中山先生谈过话，几次去听孙中山先生演讲，也见过黄克强。他新交的朋友张耀曾、李书城、谷钟秀、文群、张群等，都是同盟会的会员，井勿幕还是同盟会的陕西支部部长。几次征询张季鸾，是否有意加入同盟会，他都表示不想加入。他说："我对孙先生的学识、气质、人格，都是十分尊敬的；对黄先生和太炎先生也很佩服。但我是一个文弱书生，立志要当好一个新闻记者，以文章报国。我认为，做记者的人最好要超然于党派之外，这样，说话可以不受拘束，宣传一种主张，也易于发挥自己的才能，更容易为广大读者所接受。"所以，40年后，于右任所作怀念张季鸾的诗中有"发愿终身做记者，春风吹动耐寒枝"之句。

1909年，于右任在上海创刊《民呼日报》，函催他写寄东京通信，他很高兴。但稿子寄到时《民呼日报》已被租界当局封闭。这些稿子以后陆续刊登在于右任联合宋教仁等创刊的《民吁日报》上。这是张季鸾从事新闻工作的开始。

张季鸾在日本勤学5年，对日本的历史和明治维新以后的变化，以及社会思潮、风俗人情做了深入的研究和调查，日文也学得很好。据说，当时日本学人有一个评价：在中国留学生中，日文写得流畅清丽的，首推张季鸾的论文和戴季陶的书简、小品。

# 中国报纸发专电第一人

1911年，张季鸾回国，参加《民立报》工作，任编辑。《民立报》编辑人员为于右任、宋教仁、徐血儿和张季鸾；记者有陈其美、张群。他们既当编辑又写评论，遇有重要新闻还要出去采访。

这一年，在陕西同乡、留日同学康心平家中，张季鸾、胡政之相识。从这里开始了他们以后多年的合作。（过去多篇文章叙述张季鸾、胡政之在留学日本时相识，据牛济《有关张季鸾先生的史实考订》一文考证，张、胡并非留日同学。）

当时的《民立报》实际是同盟会的机关报。上海光复后，陈其美出

任沪军都督，宋教仁成为参议院及以后临时国会的首领。1912年元旦，孙中山先生就任中华民国临时大总统。于右任保荐张季鸾为总统府秘书。孙先生的就职宣言是张起草的。他给上海的《民立报》发专电，报告临时政府成立及孙大总统就职简况，这是中国报纸刊发专电的开端，张季鸾是中国记者发专电第一人。

孙中山先生被迫下台，袁世凯继任临时大总统，民国名存实亡，开始了长达17年的北洋军阀统治时期。于右任回沪主持《民立报》，张季鸾和于右任、胡政之、曹成甫合组民立图书公司。不久，张去北京，先任《民立报》驻京记者，随即创刊北京《民立报》，自任总编辑。这是张季鸾独立从事新闻事业的开始。当时他才24岁。

## 揭露卖国借款两次入狱

北京《民立报》发刊不久，即以消息灵通、言论犀利受到各方重视。那年3月，宋教仁在上海北站被暗杀，租界捕房搜出当时国务总理赵秉钧等与杀手往来电稿，袁世凯以恐怖手段压制北京各报，不准披露案情真相。张季鸾以巧妙手法向上海《民立报》写寄通信，揭露袁党阴谋。

袁世凯为向南方用兵，1913年秘密与英、法、美、日、俄五国银行团接洽2500万英镑的"善后贷款"——时称"大借款"。张季鸾与程克为留日同学，两人过从甚密。程当时是袁世凯的咨议，参与机密。张可以随时直入程克书房，从他那里得到一些内幕消息。有一天，在程的书房里等候程克，看到书桌上有这次借款的"草约"全文。他立即向上海《民立报》发出专电。报纸一出，震动全国。当晚军警包围北京《民立报》社，将张银铛入狱。关押三个多月，经好友李根源等多方营救，才得保释。恢复自由后，即被驱逐出京。他回到上海，在他的好友康心孚主编的《雅言》月刊上发表了《铁窗百日记》，揭露袁党的黑暗政治。

张季鸾在上海落拓无依，恰好胡政之已任《大共和报》总编辑，聘张为日文翻译。同时，康心孚在马君武主办的吴淞中国公学任教务长，张和胡都到该校教课，张教日文和外交史。

1915年袁世凯搞帝制阴谋，蔡锷在云南组织护国军讨袁，并匆匆去滇任护国军参谋长。张和康心如（康心孚之弟）在上海创办《民信报》，声援讨袁运动，张任总编辑。

1916年袁忧急死后，黎元洪继任大总统。张季鸾再到北京，受聘为上海《新闻报》北京特约记者。当时张以"一苇"笔名所写的北京通信，与《申报》邵飘萍、徐凌霄的通信均脍炙人口，深受读者欢迎。

段祺瑞接过袁世凯的衣钵，控制中央政权。这时旧国会又恢复活动，政学会的张耀曾、谷钟秀等在京创刊《中华新报》，聘张季鸾为总编辑，康心如为经理。周太玄、王光祈等任编辑，对段祺瑞政府时有讥弹。1918年9月，段祺瑞借参加第一次世界大战之名，扩充个人武力，不惜出卖国家主权，以胶济铁路为抵押，向日本秘密借款。张在《中华新报》披露了新闻编译社何重勇所发消息。段祺瑞震怒，命令京师警察总监吴炳湘查封《中华新报》等六家报纸，张季鸾、康心如等多人被捕，拘押于首都警察厅，历时半月余。经国会抗议和张耀曾等托人说项，才恢复

自由。

旧社会有一句话："没坐过监狱，不是好记者。"在那黑暗的岁月里，记者要说真话，敢于坚持进步，取争民主，没有不吃苦头的。张季鸾两度被捕，受尽牢狱之苦，可算经得起考验了。

# 盛赞列宁为"千古第一人"

1919年张季鸾再回上海，出任上海《中华新报》总编辑，沈钧儒为主笔，曹谷冰等为编辑。

出于强烈的爱国主义，对新思潮、新事物和时代的新变化，探索敏求，博闻强识。1924年曾在《中华新报》上刊出他写的《列宁逝世》一文，开头就说："列宁逝世之报，将永为人类历史上特笔大书之事，何则？由一种意义言之，彼乃千古一人也。"接着他分析，"历史上所谓大英雄，其事业往往代表一民族或一国家为止，而列宁之理想，则为人类的，其事业则为世界的。列宁以前，固亦有若干世界主义的理想家，然辄空言而止。列宁则独能于世界一大君权国中，除破坏其政治组织以外，并将其社会组织、经济组织根本推翻，创立空前未闻之劳工专制政体，以外抗强邻，内压敌党，巍然为资本主义一敌国，以至今日。就此言，千古一人而已。"

又说："列宁之友遍天下，其敌亦遍天下，然而不论其友其敌，对于列宁氏个人之人格、毅力，无不称赞者。诚以彼之革命事业，纯由一种理想而来。彼目中除资产阶级与劳工阶级之对抗的事实以外，不见有国家之境界。彼之理想为消灭私有制度，创劳工专政之世界联邦。是以虽反对其主义者，而睹其不屈不挠之精神，与其淡泊勤恳之态度，则无不倾服之。要言之，彼为真有理想而实行之者。彼之事业，实为人类而非为自己，且不仅为俄罗斯。就此点而论，亦可谓伟大之人矣。"

在 20 年代初叶，能发表如此大胆议论，他的眼光和魄力，应该说是惊人的。那时，除极少数先知先觉外，举世滔滔，视"赤化"为"洪水猛兽"；记者能有这样的认识，而且撰文发表此见解，是要具备极大胆识的。

《中华新报》由于经营不善，于 1924 年停刊。

第二次直奉战争发生后，冯玉祥将军回师北京，与胡景翼、孙岳等成立国民军，电迎孙中山北上，召开国民会议，解决国是。张季鸾和国民军素有联系，兴奋地第三次入京，仍为《新闻报》写特约通信。

1925 年河南军务督办胡景翼推荐张季鸾出任陇海铁路会办。他到任不久，就拂袖而去，说："不干这劳什子，还是当我的穷记者去。"他到天津，无固定职业，每日写评论，访新闻，投寄沪报。《新闻报》每月仍寄一二百元津贴，约他写稿。

# 接办《大公报》提出"四不"方针

旧《大公报》是 1902 年（清光绪二十八年）由满族人英敛之创办的，1916 年售与皖系政客王郅隆。王接办后，胡政之任经理兼总编辑。皖系倒台后，胡到上海创办国闻通讯社。张季鸾为胡主办的《国闻周报》写时论。

1925年11月旧《大公报》停刊。那时胡政之、张季鸾都在天津。他们和当时已任盐业银行总经理和四行储蓄会总理的吴鼎昌三人商定，决心办报。吴鼎昌从四行储蓄会拿出5万元，由胡政之以1万元从王郅隆的儿子王景杭手中盘下来旧《大公报》的房产、设备、招牌。另1万元为开办费，包括订购报纸、添补设备。其余3万元存银行，备贴补。3年内如不能达到收支平衡，3万元贴光即关门。

三人约定：

1. 由吴鼎昌一人筹资，不向任何方面募款。

2. 三人专心办报，三年之内都不担任任何有俸给的公职。

3. 张、胡二人以人力入股，每年终由报馆赠予股票。

4. 吴鼎昌任社长，胡政之任总经理兼副总编辑，张季鸾任总编辑兼副总经理。

5. 三人共组社评委员会，研究时事问题，商榷意见，决定主张。三人分任撰述，张负整理修正之责。意见不同时，以多数决之；三人各个不同时从张先生。

9月1日吴、胡、张三人合组的新记公司《大公报》正式复刊。张季鸾撰写当日社评《本社同人之志趣》，提出了"不党、不卖、不私、不盲"的办报方针。社评解释第二项"不卖"说："不受一切带有政治性质之金钱补助，且不接受政治方面之入股投资。"

初期编辑部组成人员不过30余人，有原国闻通讯社的骨干李子宽和金诚夫，还有何心冷以及后来入馆的杨历樵、徐铸成、王芸生等。续刊后的《大公报》，以一幅中国现状的画面吸引了无数的目光。并不仅仅因为它的印刷精美、版面精良、编辑巧妙，而是由于其国内外消息准确迅速，分析时局的社评透辟深刻。它对北洋军阀敢骂敢言，毫无退缩，确实使其言论具有"三千支毛瑟枪"的作用。

# 治大国如烹小鲜

在张季鸾的主持下，续刊后的《大公报》进行了大胆的改革，做到内容丰富，版式活泼，编排参差错落，字体大小多样，标题准确生动。一扫当时报纸的呆板枯燥风气。每天发表文笔犀利的言论，有强烈的吸引力。

一般在下午两点左右，张季鸾来到报社，先看经济行情，因为当时的公债涨落。汇率升降，最能反映国内政局变化。其次翻阅日文、英文报纸和北平、上海各主要报纸。到三点钟，各方宾客接踵而至。有时他还函邀一些读者来报社谈话，直到晚饭前，他一直忙于接待来访者。

晚上，大约9点上班。那时，第二三版的大小样陆续送到他的桌上，本埠和外埠稿件以及外国通讯社的电讯稿纷纷送来。他把电讯稿裁剪分类，关照编辑如何处理，重要新闻留待他自己最后标制。

审创各版重要的大小样十分仔细，有的标题他要重写。他还要不时接电话。吴鼎昌来了，他们三位高谈对时局的看法，有时用日语交谈。到11点钟，他才动笔写社评，或修改、润色吴、胡二位的社评稿。因为到那时当天重要新闻的发展情况，他已了然于胸。

他有两套功夫：一是编辑部工作无论多么繁杂，外面市声无论多么

喧嚣（窗外是日租界的中心闹市旭街，人车终日喧闹），他能够"闭聪塞明"，全神贯注写稿子。二是写稿能长能短，广告多了，地位挤小。动笔之前先问排字房留下多大地位，遇有大问题而留的位置小时，他能把文字缩减，仍畅所欲言；遇有小问题而留的位置大时，他能旁征博引，句句扎实，不使人有勉强拉长的印象。有时写到一半，忽然来了更重要的新闻，决定易题重写社评，为了争时间，抢速度，他写好一段，裁下来先付排，接着写下去，边写边排。全篇排完，打来小样，再加润色。最后修改时，他能划去一段，补上一段；划去几个字，补上几个字。排字房不需要改版，保证准时打版付印。

能做到这一步，不仅靠文笔快，脑筋灵，打好腹稿，还要有一套基本功。除对时事了如指掌，有各种丰富的知识外，有关国内外历史的、当代的重要史实数据，都应熟记于胸，引证毫无错误。如要临时去查资料，就来不及了。

1938年周恩来在汉口时，曾对人说过："做总编辑要像张季鸾那样，有优哉游哉的气概，如腾龙飞虎，游刃有余。"是很确切的评价。老子说"治大国如烹小鲜"，张季鸾领导当时闻名中外的大报编辑工作，就有这种本领。

## 标榜中立立场反对军阀战争

《大公报》续刊第二天，一连发了三篇论评（当时还不叫社评）：第一篇是吴鼎昌以"前溪"为笔名写的《战卜》。文章说："祖刘祖吕，左右皆非；兴楚兴汉，端倪未见。""战亦如是，不战亦如是，战胜亦如是，战败也如是。"表明自己是客观立场、中立态度。第二篇是张季鸾以"榆民"的笔名写的《嘉使团中立》，文章对北京公使团电令驻汉口各国领事，对于湘鄂战事严守中立，予以赞扬。文章最后说："故吾闻公使团严守中立之议，以为为缩小战祸计，乃绝对的必要，且足使我国民知立宪各国尊重公法，毕竟有异于赤俄也。岂不善哉！"第三篇未署名，题为《劝南北猛省》，根据王芸生、曹谷冰的判断，认定也是张季鸾的手笔。文章先说："今武汉告警，东南战事又起，岂南北诸将必欲拼尽全国而后已耶？"中间说，"国民党若自信能以武力革命统一中国，实为大误。他姑不论，革命必须练兵，练兵必须外援，外援非它，赤俄是也。然亲俄则遭忌于各国，各国以畏俄而畏国民党，而扶助国民党之反对者。党军虽强，只此一端已无为之何矣。"最后说："长此以往，同归于尽而已。哀我善良无辜之四万万人民，被陷于此国际怒涛之中，漂没沉浮，终于一亡。至南北清算之日，中国早成一片焦土矣。南北诸人宁不于此时悬崖勒马自救以救国乎？"

9月3日又以笔名写《南征北战可以已矣》的评论，继续发挥反对战争的言论。

1927年1月6日，张季鸾撰写了《明耻》的社评，对民国以来军政统治者进行了抨击，对他们表示失望，认为这是导致中国"赤化"的主要原因。

《大公报》所在地天津，是北洋军阀旧势力的巢穴。在旧势力的重重包围下，张季鸾对当时的国民革命军北伐战争采取观望态度，提

出反战言论，自以为是对南北两方不作左右袒，维持报纸的中立立场，实际效果正相反。同时也反映出张季鸾这时对国际形势中苏联的地位和作用，对第一次国共合作、中国共产党在当时政局中的影响，都缺乏正确的认识。

# 在世界反苏高潮中赞誉苏联

1929 年发生"中东路问题"的中苏争端，《大公报》力主谈判解决，"勿轻启战端，为日本军阀所用"。1931 年春，张季鸾为深入了解苏联实况，特派曹谷冰去苏联视察经年，报道十月革命后的社会主义建设情况，写回的通信，张季鸾细加润色，一一披露。后又编成单行本出版。

在发表曹文时，张季鸾写了一篇《读苏俄工业参观记感言》的社评，说："今观特派员屡次通信，不得不承认苏联建设规模之大，及其进步之猛。即专论工业制造方面，如最近通信所述乌克兰工业区情形及今日所载大水电站情形，已足令人惊叹不置。"又说，"……夫俄为工业幼稚之国，其历史犹浅于日本，科学技术去西欧尤甚。苏联现政府之可称道者，则在其有整个的远大之计划，自根本上建设起来。以时计之，革命以来仅十余年，拼命建设不过数年，而成绩彰著如此。"

在 20 世纪 30 年代初的世界性反苏反共高潮中，他敢于发表赞誉苏联建设成就的通信稿，并发表正面肯定的言论，表明此时张季鸾对苏联的态度开始有所转变。

# 嘲蒋"不学无术"反对屠杀青年

1927 年 12 月 20 日，张季鸾撰写的《大公报》社评题为《蒋介石之人生观》，针对蒋介石与宋美龄再婚一事说："离妻再娶，弃妻新婚，皆社会中所偶见，独蒋介石事，诟者最多，以其他位故也。"

以下痛驳蒋介石所持再婚之理由："然蒋氏犹不谨，前日特发表一文，一则谓深信人生若无美满婚姻，一切皆无意味；再则谓确信自今日结婚后，革命工作必有进步，反翘其浅陋无识之言以眩社会。吾人至此，为国民道德计，诚不能不加以相当之批评，俾天下青年知蒋氏人生观之谬误。"

接着引申说："然吾人所万不能缄默者，则蒋氏谓美满姻缘始能为革命工作。夫何谓革命？牺牲一己以救社会之谓也。命且不惜，何论妇人！……呜呼，尝忆蒋氏演说有云：'出兵以来，死伤者不下 5 万人。'为问蒋氏，此辈所谓武装同志，皆有美满婚姻乎？抑无之乎？其有之耶，何以拆散其姻缘？其无之耶，岂不虚生此一世？累累河边之骨，凄凄梦里之人；兵士殉生，将帅谈爱，人生不平，至此极矣。"

进一步批评蒋介石："呜呼！革命者，悲剧也，革命者之人生意义，即应悲剧中求之。乃蒋介石者，以曾为南军领袖之人，乃大发其欢乐神圣之教？夫以俗浅的眼光论，人生本为行乐，蒋氏为之，亦所不禁。然则埋头行乐已耳，又何必哓哓于革命？夫云裳其衣，摩托其车，钻石其戒，珍珠其花，居则洋场华屋，行则西湖山水，良辰美景，赏心乐事，斯亦

人生之大快，且为世俗所恒有。然奈何更发比堕落文明之陋论，并国民正当之人生观而欲淆惑之，此吾人批评之所以不得已也。"

最后，社评发挥："宁政府军队尚有数十万，国民党党员亦当有数十万，蒋氏能否一一为谋美满姻缘，俾加紧所谓革命工作？而十数省战区人民，因兵匪战乱并黄面婆而不能保者，蒋氏又何以使其得有意义之人生！甚矣，不学无术之为害，吾人所为蒋氏惜也。"嬉笑怒骂，冷嘲热讽，淋漓尽致。

在此以前，宁汉分裂之际，1927年11月4日社评《呜呼领袖欲之罪恶》，论述了汪精卫的最大缺点为领袖欲太强，确属鞭辟入里的"史论"。文章最后写道："特以'好为人上'之故，可以举国家利益、地方治安、人民生命财产，以殉其变化无常、目标不定之领袖欲，则直罪恶而已。"事后证明，汪以后游泳政海，与蒋或离或合，最后走上遗臭万年的汉奸道路，成为民族罪人，其症结之一，即在于此。

"四一二"反革命叛变后，张季鸾不断撰文，反对屠杀青年，他的立论是从民族利益出发的。他一再沉痛地说："青年血气方刚，不论其思想为'左倾'或'右倾'，凡能如其主张敢于冒险力行者，概属民族之精英，非投机取巧者可比，轻加杀戮，无异残害民族之精锐，将成为国家之罪人！""九一八事变"后，这样的论调屡有发表，始终未变。

## 猛烈抨击国民党苛政暴行

蒋介石上台后，国民党的统治与张季鸾的政治设想相距甚远。中国的封建基础依旧，人民生活仍在水深火热之中，特别是广大农村依然为土豪劣绅所统治。为了促醒统治者注意农村的改革，努力解决农民问题，1930 年 10 月，张季鸾派记者赴河北农村作了大规模的实地调查，发表了连续报道，并配合报道写了社评。11 月 2 日社评《中国的文明在哪里》中，抨击了国民党的苛政，对广大人民的悲惨境遇表示极大的同情。文章向政治家、实业家、学者等大声疾呼："中国文明在哪里？主义政策在哪里？凡都会居住之有支配权者，反躬自省，对同胞大众曾扶助否？曾教导否？让一步，曾不加剥削摧残否？"张季鸾这种让记者深入农村实际，根据反映情况进行评论的做法，在当时的报界是罕见的。

1931 年 6 月，国民党政府公布了训政时期《约法》，其中第 8 条是关于保障人权的规定。6 月 2 日，张季鸾发表了题为《望人人牢记约法第八条》的社评，文章对国民党任意捕人杀人的恐怖统治进行了猛烈抨击，他写道："呜呼！民权之摧残久矣！而其尤普遍尤痛切者，则为关于人民身体之不法的摧残！……通国计之，一日之中不知有几千百人！此诚政治上之极大黑暗，为革命时代须臾不能容忍者也。"文章最后将了国民党当局一军："吾人愿神圣约法，故愿先神圣第八条，特以此条是否实行，以上约法全部是否有效！"这类尖锐的言论也抒发了人民大众对国民党法西斯统治不满的心声。

# 对日主张"缓抗"遭唾骂

胡政之说："张先生同我两人，在报界都是科班出身，一直没有离开过岗位。所以认识的国外同业，尤其是日本同业最多。因为我们都曾

在日本读过书，对于日本事情，平常相当知道。为了职业的关系，同日本报界有 10 余年以上的接触，所以对于日本政治军事情形也不十分隔膜。"他们撰写的关于日本问题和中日关系的社评，往往深入而中肯，不仅在国内很有声望，而且为日本朝野所瞩目。

1927 年北伐军进展到山东的时候，日本借口出兵保侨，而酿成济南惨案。《大公报》事前曾发表警惕性的言论，事件发生时，及时对日本作了抗议，而在具体主张上却提出隐忍持重态度。

对于"九一八事变"，《大公报》在事前也是迭作危论，对万宝山事件、朝鲜暴动杀戮华侨事件、中村事件等等，都曾论列中日关系的危险，并向日本方面进忠告。到"九一八事变"炮声响了，东北大片土地被日军占领了，全国人民同仇敌忾，一致要求抗战，而《大公报》却主张"缓抗"，认为不能"轻易一战"，因而遭到社会上的唾骂，《大公报》馆被人投了一枚炸弹，张季鸾个人也收到一个装有炸弹的邮包，报纸销数迅速下跌。

《大公报》为什么采取这种态度？一般都认为是执行了蒋介石的不抵抗政策。的确，当时蒋介石制定了不抵抗政策，保存实力以镇压人民，压制抗日的主张。他曾通过于右任电告张季鸾，要求《大公报》予以声援。

张季鸾和胡政之自以为对日本政情十分了解，不断著论阐述他们"缓抗"的论点。1932 年 6 月 26 日社评《自卫之策》中写道："中国，病国也。五脏俱衰损，而外感乘之，精气消耗，达于极点，此珍养摄生之时，非跳掷决斗之日也。"随后提出，"就现局论，其一，对于今后猛烈之外患，须先图缓避以为自卫。其二，同时对于不可避不可缓时之准备，迅速以全力筹之。"

当时，青年学生纷纷起来向国民党政府请愿，要求抗日的呼声四起，而张、胡独持异议，连篇累牍地发表"缓抗"言论。两人相商"宁牺牲报纸销路，也不向社会风气低头"。他们的主张是来自对中日双方实力的对比分析，与蒋介石"先安内后攘外"的不抵抗主义是有区别的，但客观上起了消极作用。

据徐铸成回忆："记得'九一八'事件爆发之顷，胡、张两位先生召开了《大公报》开天辟地从来未举行过的编辑会议。张先生严肃宣布：'国家已面临紧要关头，我和吴、胡二先生已商定，今后报纸更应负起郑重责任。'他宣布了两项决策：一为明耻，先要让人民从近代史上了解外侮之由来。宣布由汪松年负责编辑甲午前后以来的对日屈辱史，由王芸生协助搜集有关材料（即后来陆续发表并辑成的《六十年来中国与日本》，因汪无此能力，芸生才独力为之）。二为教战，阐明现代战争、武器之发展情况，具体措施。为此创刊一《军事周刊》，由当时最有名的军事家蒋百里先生主编。可见季鸾先生在'九一八'事变爆发之初，应付之方已成竹在胸。"

1933年，日军侵占东北三省后又大举入关，侵占热河，越长城，占冀东，步步深入，平津处于日寇包围之中。《大公报》所在地天津，受到严重威胁，随时都可能沦陷。几经周折，决定增出上海版，作为退路。"缓抗论"到此结束。

# 创刊上海版引发胡、张矛盾

长城战役以后，日寇势力步步紧逼。张季鸾基于忧国图存的心情，提出《大公报》应早日搬迁南下。胡政之从营业观点出发，认为离津迁沪，无异另起炉灶，谈何容易。且十里洋场一向是《申报》《新闻报》等老报的地盘，要在他们的禁区觅一席地，势必遭遇抵制。

张、胡意见不同，吴鼎昌倾向胡的意见。"三驾马车"发生矛盾，张季鸾愤而离去。1934年初夏，张季鸾经汉口去四川，畅游重庆、成都，遍访成都耆老，并与他的好友康心之计议，共办一份报纸。康那时已是川帮银行家，听了张的建议，立即拨出专款，觅定社址，请张主办新报。

张季鸾入川一个半月，时局发生剧变。何应钦与日方代表梅津美治郎签订了《何梅协定》，规定"中央军"和一切"抗日势力"都要撤离华北，华北进一步"特殊化"。日寇的铁蹄已踏到平津，要在天津租界里苟安，维持一张所谓独立的民间报纸，其势已不可能。吴、胡二人更不能没有张季鸾这支笔，所以改变原来的主张，立刻准备迁沪。

张季鸾接到胡政之改变主意的急电，立即返回天津，三人密商决定，天津版仍照常出版，尽可能多维持些时候，以便在经济上多支援沪馆。这样"三巨头"之间的矛盾基本消失，三人意见统一了。

康心之接受张季鸾的建议，拨款5万元筹建《国民公报》已经就绪，而张季鸾却不能履行他的诺言。他推荐《大公报》老同事杜协民代他去担任总编。

# 骂自己"恬不知耻、羞愧欲死"

1935年1月的《国闻周报》上刊登张季鸾文章《我们有什么面子？》曾沉痛地说："近来从心坎里想骂人，但有条件，是从自己骂起。譬如就我们说，自民国以来作新闻记者，这多年在天津做报，朋辈们都说是成功，报纸销得，也受重视，在社会各方面庇护下，何尝不俨然是中国大报之一；但在'九一八'以后之中国，清夜自思，事前有何补救？事后有何挽回？可见现在四省沉沦，而大报还是大报馆，老记者还是老记者，依然照常地做所谓舆论的指导，要用《春秋》论断，除恬不知耻四字而外，恐怕任何批评皆不适宜。

"同时，再从另一方面讲，这样大报，办得稳吗？我敢断言，绝对不稳，毫无把握！什么理由，大概用不着讲，总括一句话，国家不稳，什么事业能稳？国家无把握，什么事业能有把握？……再进一步说，岂但自己维持大报无把握，改行能行吗？迁地有办法吗？逃到乡下不做事，能安全吗？这样推论下去，必然要得出唯一的结论，就是国家现状下，一切事业都算无基础；一切生命财产，都是不可靠。北方有句俗话，不能混。

"国家现状就是这样，中国人不能混了，以四万万人的大国，落到这样不能混的地步，而我们这样赖国家栽培，受过若干教育，仗社会优待，吃过多少年饱饭的人，束手无策，一面依旧写一些一知半解的文字，号称做舆论的工作。不细想则已，细想起来，焉能不羞愧欲死……"

长城在望而形势全非

渤海无波而陆沉是惧


张季鸾、胡政之到上海主持《大公报》上海版的筹备工作。聘北京《晨报》的张琴南为编辑主任。原编辑部的主力徐铸成、许君远、吴砚农、王文彬、严仁颖、萧乾等分任各版编辑。

1936年4月1日《大公报》上海版创刊。当天张季鸾写的社评题为《今后之大公报》。文章开头恳切说明在上海出版，既非扩张，"抢地盘"，也不是单纯地迁地为良。徒以北方情势所迫，要伸张不受拘束之言论，不能不"津沪两地同刊"。

随即分析当前形势："祖国目前之危机异常重大，忧伤在抱，刻不容纾。回忆十年来服务天津，多经事变，当年中原重镇，今日国防边疆。长城在望而形势全非，渤海无波而陆沉是惧，盖大河以北四千年来吾祖先发扬文明、长养子孙之地，今又成岌岌不可终日之势。国难演进至此，又非仅肢体之残毁，而竟成腹心之破坏。此而放任焉，中国之生存已矣！"这一段情文并茂的骈体名句，当时曾在文人中广为传诵。

社评畅纾了对内对外的方针、立场，再次强调《大公报》"不党、不卖、不私、不盲"的宗旨："本报将继续贯彻十年前在津续刊时声明之主旨，使其事业永为中国公民之独立言论机关，忠于民国，尽其职分。同人尊重中华民国开国者孙中山先生之教训，而不隶籍政党。除服从法律外，精神上不受任何拘束；本报经济独立，专赖合法经营之收入，不接受政府官厅或任何私人之津贴补助。同人等亦不兼任政治上有给之职。本报言论、记载不做交易，亦不挟成见，在法令所许范围，力求公正。"

# 创刊三天报纸全被申、新两报收去

第二天，紧接着又发一篇社评《改善取缔新闻之建议》，对国民党新闻检查制度这一敏感问题做了理直气壮的批评。文中说："夫团结云者，全国有知识人有共同之事实的认识，而为同一的感情所鼓荡，遂自发地集于救国的大义之下，拥护政府，共同迈进之谓也……吾人厕身报界，深知当此国家紧急时期，政府对于取缔言论记载，有其不得已及必要之理由，其所愿者，取缔应限于最重大之事项。关于此点，中央本定有原则，即外交、军事、财政之机密，不得记载；危害国家利益之言论，不得刊行。比当然之义，全国都应遵守者。然所虑者，各地取缔之方法或有超过此根本原则之时，譬如各界讨论国事之文字，若其本质上非反动宣传，则虽意见与政府出入，利在许其自由发表，人民有拥护政府之责，同时亦具有批评政府一部分政策，或攻击官吏一部分行动之权。倘不尊重此权，则无所谓团结可论……"

总之，上海版"开锣"三天，内容十分精彩，都以为必能"一炮打响"。创刊三天，各报摊纷纷增报，并无积存。哪里知道，读者纷纷打来电话，说根本买不到《大公报》。经过了解，才知道三天的《大公报》全被申、新两报收去了。你出多少，他收多少，反正一张也不让在报摊上与读者

见面。

张、胡二位赶紧托人求杜月笙出面，请了一桌客，各大报负责人不得不买账。《大公报》从此在报摊上出现，发行数字每天上涨，到1936年下半年，发行已超过5万份，这时《大公报》上海版才算站住。

张季鸾一下子租了三处公馆，分住王夫人和另两位如夫人，那年秋季，张先生50初度之日，在某饭馆大张宴席，三位夫人都佩花做主人，来贺的宾客有数百人。于右任先生赠寿诗，内有"榆林张季子，五十更风流"之句。

# 西安上空撒下40万份《大公报》公开信

1936年12月12日发生西安事变。13日一早，张季鸾就来到报馆，坐立不安。徐铸成问他出了什么事、他说："未经证实的消息，张学良、杨虎城昨晚发动兵谏，要蒋先生答应与共产党联合一致抗日。我是准备庄严地谈几句话，千万勿破坏团结，遗人以口实，让敌人乘虚大举入侵，各个击破。"

他写的这篇社评标题为《西安事变之善后》。事变刚发生，就提出"善后"，表明他对这事件不想谴责或痛快愤怒地责骂一番，而是明确提出"解央时局，避免分崩，以恢复蒋委员长自由为第一义。陕西主动者倘拒绝此意，使政府领袖不能行使职权，甚或加以不测之危害，是则须负甘心祸国之完全责任。不论其所持理由如何，凡中国良知纯洁之国民应一致反对之。"

接着又写道："夫国家必须统一，统一必须领袖，而中国今日统一之底定及领袖之形成，岂易事哉！十年来国家以无量牺牲，无量代价，仅换得此局面，倘再逆退，将至自亡。艰难困苦之中国，今才见彼岸，而又遭逆风之打击，主其事者，抚躬自省，果为何来乎？故吾人以为公私各方应迅速努力于恢复蒋委员长之自由，倘其有济，则劝政府必须宽大处理，一概不咎，国家问题，从长计议……"

以后长期支持张季鸾一切言论的"国家中心说"，这时在他的思想里已经形成。当时以何应钦为首的南京国民党政府，已下令对张、杨进行讨伐，官方各报一片辱骂声。《大公报》这篇社评，主张以救蒋为第一义，其他，则建议"政府宽大处理，一概不咎"，态度有明显的区别。

翌日，张季鸾发第二篇社评《再论西安事变》，详细分析国家所处地位与形势，劝西安当局早日"回头"。他最后沉痛地说："夫毕竟愿作破碎之西班牙，自残以尽，抑欲保持完整之中国，自力更生，公意俱在，不问可知。"他说："陕变不是一个人的事，张学良也是主动，也是被动的。"可见他对事变的内幕，即蒋介石拒绝国共合作，一致抗日，并逼张学良"剿共"而激起事变，是了然于胸的。他与宋子文、宋美龄兄妹平时并无多少来往，此时宋氏兄妹很同意张的看法，主张"救人"为第一，不主张讨伐。

张季鸾于18日继续写一篇社评，题为《给西安军界的一封公开信》，显然是事前与宋氏兄妹商量过的。文中说："我盼望飞机把我们这一封公开的信快带到西安，望西安大家看看，化戾然为祥和。"果然宋美龄

所主持的航空委员会，当天即派出飞机，带了这张报 40 万份，飞临西安上空散发，这也是我国自有新闻纸以来未见过的事。

与此同时，《大公报》派记者范长江秘密去西安和延安采访。范长江在延安访问了毛泽东、周恩来等中共领袖，了解到中国共产党建立抗日民族统一战线的新政策和西安事变真相。范回上海后，在编辑部谈了几个晚上，《大公报》连续发表了范长江陕北之行的通信，像冲破迷雾的几道闪光，使全国人民看到了中华民族即将团结奋起应战的希望。

12 月 25 日蒋介石获释。那一晚张季鸾特别兴奋，露出了多天不见的笑容。当晚，他写的社评是《国民良知的大胜利》。开头就说："昨晚从六时半以后，全国各大小都市欢声雷动，爆竹齐鸣，实现了狂欢之夜。昨天又恰是云南起义再造共和的纪念日，我们与国民同庆之余，愿先简单的贡献几句祝词。西安事变发生，我们于忧虑、愤慨中实在抱着一种信念，以为一定能达到逢凶化吉。我们十八日给西安军人的公开信中，说明期待三天以内能给全国同胞道喜。现在，虽然时期迟了三天，但果然能达到给全国报喜的愿望。我们的欣喜不问可知了。"

张季鸾的几篇社评换来蒋介石对他的尊重，尤其是《大公报》一篇社评空投西安，随即蒋获释。张季鸾志得意满。事后专门请假到北平、西安、武汉、南京兜了一大圈，每到一处，总要停留三五天。只为了听听友好对他这几篇文章的夸赞。他也摆脱不了"天下文章自己的好"这一关。张季鸾并未料到，他这一番欣喜的沉重代价，是张学良 40 余年的牢狱苦守和杨虎城一家的惨遭杀害。

徐铸成说："季鸾先生的文章写得好，灵活剔透，笔锋常带感情，即最能感染读者的心，而又开创出新闻评论的新路子；评论中透露新闻，新闻中带有议论，实为当时少见的巨匠。"

# 发表"七君子"答辩书参加营救活动

1936 年 11 月 22 日国民党政府连夜逮捕上海各界救国会的负责人沈钧儒、章乃器、沙千里、邹韬奋、李公朴、王造时、史良等七人。这就是震惊中外的"七君子案"。

张季鸾与沈钧儒是故交挚友，"七君子案"发生后，张对此极为关注，每晚看到这方面的新闻，总是陷于沉思忧郁之中。他专为此案赴南京奔走两次。

胡子婴遗著《七君子狱中反诱降的斗争》一书透露出张季鸾在"七君子案"中所起的重大作用。

"七君子"被关押四个月以后，江苏高院捏造"罪证"，拼凑出一篇"起诉书"。"七君子"随即写了一篇针锋相对的答辩状，把起诉书驳斥得体无完肤。但是上海各报受国民党政府新闻检查的压力，只刊载了起诉书，拒不发表答辩状。这时法院即将开庭，为使广大群众了解真实情况，必须把答辩状及时公之于众。救国会派胡愈之去《申报》、胡子婴去《大公报》交涉，要求他们把答辩状发表出来。

1937 年 6 月 6 日晚上，胡子婴到《大公报》找张季鸾，问他是否刊登答辩状，他直截了当地回答："不发表。"胡子婴很激愤地与他争论，

他却冷冷一笑，不慌不忙地说："我不发表你们的答辩状，因为我不愿意陪你们做戏。《大公报》也不准备做你们演戏的舞台。"在胡子婴追问之下，张季鸾才说出他在庐山见到蒋介石、叶楚伧等人，当时国共二次合作开始，全国人民要求团结抗战，蒋介石装出一副假象，准备邀集一些"社会贤达"到庐山开会。"七君子"是著名学者，又是主张抗日救国的知名人士，当然也要网罗在内。叶楚伧对蒋介石说："我们早已安排，先在苏州高院，对他们审讯一下，然后押解到南京反省院'悔过'，再由杜月笙保释出来，送到庐山参加会议。"蒋介石皱皱眉头说："不要这样麻烦了吧。"叶楚伧蛮有把握地说："'七君子'同意这样安排，不会有什么问题。"

张季鸾把他在庐山听到的这段经历讲给胡子婴，微笑地对她说："你们双方已在幕后达成了协议，所谓答辩状岂不是做戏给大家看吗？"胡子婴郑重地对张季鸾说："叶楚伧等人的诱降计划，完全是痴心妄想。'七君子'不但不会'悔过'，而且要采取三不的办法：不吃、不说、不写，来抵制国民党的阴谋。我们绝不是在做戏。"

张季鸾看她说得很认真，才知道 CC 派在蒙骗蒋介石……他沉思了几分钟，最后毅然说："好吧，我相信你们，答辩状明天就可以见报。"说完，立即拿起电话，通知编辑部"把答辩状立即发排，不必送审"。第二天《大公报》果然发表了答辩状。

胡子婴赶往苏州探监，汇报了 CC 派诱降的阴谋，沈钧儒给张季鸾写信，请张再上庐山，向蒋介石面陈'七君子'抵制进反省院的决心。胡子婴带沈老的信再访张季鸾。见沈钧儒信，张季鸾说："他们宁愿绝食而不进反省院，好，威武不屈，我佩服！"他当即给蒋介石写了一封信，大意是说："既已决定抗战，就应动员全国民众共同对敌。现在主张抗战的最大群众组织——救国会，其领袖'七君子'却关在监牢里，他们正准备采取绝食手段，万一发生不幸，对国家、对先生个人的威信均有不良影响。请三思。"

经过一波三折，拖到 7 月 7 日，卢沟桥燃起了抗战的烽火，在全国的压力下，南京政府不得不于 7 月 31 日将"七君子"无条件释放，并被接到南京参加最高国防会议。张季鸾特地在中央饭店门口迎接。

沈钧儒曾对徐铸成说："论私交，我们是 30 多年老交情。季鸾这个人非常念旧。即使政治见解有时不同，他对我总是很尊重，很关心。"

## 表明抗战决心痛斥投降阴谋

1937 年"七七"事变爆发，北方大局急转直下。7 月 27 日日军大举进攻北平，次日晚进攻天津。29 日《大公报》发表了张季鸾撰写的社评《艰苦牺牲之起点》。文章说："我们军队在忍无可忍退无可退之后，昨天只有悲愤应战。因为中国今天整个背水战，要想独立自由，就必须拼命。不然就必须降服，并且降了还不留余地。日军侵略邻国毫无不得已的理由，中国是生存问题，只有彻底牺牲，才能自救。"这是表明抗战决心的宣言。从此而后，张季鸾在《大公报》发表很多有分量的抗日文章，决心抗战到底。

《大公报》上海版于 7 月 30 日发表题为《天津本报发行转移之声明》的社评，说明天津以外订户改寄上海版。同时声明："天津本报决与中华民国在津的合法统治同其命运，义不受任何非法统治之干涉。万一津市合法官厅有中断之日，则不论其为外国军事占领或出现任何非法的中国人之机关，本报将即日自动停刊，待国家合法的统治恢复之日，再继续出版。"8 月 1 日天津沦陷，《大公报》天津版于 8 月 4 日停刊。

8 月 13 日沪战爆发。9 月底张季鸾率编辑部、经理部主要人员，冒着敌人的炮火，经南京到汉口。《大公报》汉口版于 9 月 18 日问世。那一天是"九一八事变"六周年，所以《大公报》除发表《本报在汉口出版的说明》外，另发一篇沉痛的社评《九一八纪念日论抗战前途》，表达了中国人民不甘受辱和抗战到底的决心。

11 月 12 日上海沦陷。不到一个月，日军兵临南京城下。此时德国驻华大使陶德曼奉希特勒政府之命，到南京晤蒋介石，对中日战事进行调解。蒋介石为此还向张季鸾征询意见。12 月 5 日汉口《大公报》发表张季鸾撰写的《德国调解之声》社评。文章说："我们所闻，德使是奉其政府训令，正式提出调停……但事实上这个调解必无希望，因为日本必无诚意。现在竟悍然攻我首都就是决不中止侵略之最大证明，中国抗战为保卫主权与领土之完整，决不为屈辱丧权的议和。同时中国最尊重国际信义，凡是以损碍中国对国际信义之要求，中国亦决不承认。"

# 沉痛吁恳保持国家独立人格

此时敌军已直逼南京，南京危在旦夕。敌军一面以重兵南北两路企图会师徐州，打通津浦路。一面水陆两路向武汉进犯。而武汉当局正不断由德国公使陶德曼、英国公使寇尔居间调停，希望敌方"适可而止"，勿再深入。在这样人心惶惶的气氛下，12月8日张季鸾撰写了《最低限度的和战论》。这篇社评一出，一切投降阴谋受到致命的打击。

社评写道："前天东京电，日外务省发言人说，欢迎第三者调解。但同时东京已准备几十万人游行庆祝。准备占领我首都之日举行。大家只就这简单两条消息看看，就可以认识敌人如何玩弄辱没中国，并可以知敌人所谓调解是什么意义……"

在揭露日本直接加诸中国的军事摧残时，字字句句朴质沉痛，写出了中国人民心底的悲愤和沉痛。接下去他写道："可知敌人所谓调解的意义，只是庆祝胜利后的纳降，其最毒者，乃希望我合法的正统政府肯接受他占领我首都后之所谓和议。因为如此则省得制造傀儡，并且可借我正统政府之力，以消灭国内的抗战精神，同时使国际上无法说话。这是他太便利、太合算了。而中国怎样呢？"

"事至今天，却不能不大声疾呼，请求政府当局对于最近发生之调解问题，应下明白之决心了。我们以为政府即日即时，应当明白向中外宣布，即日本不停止攻南京，如日本占了南京，则决计不接受调解，不

议论和平。我们以为这绝不是高调，乃是维持国家独立最小限度之立场。我们不问日本条件如何，他之一面庆祝攻占南京，一面说和议，这显然证明日本抹杀中国独立人格，那条件之劣，就不问可知。"

"我们认识国家军事上、经济上之种种艰难，同时极不满意英、苏、美等国比京会议之虎头蛇尾，但无论如何，我们必须自己保持国家之独立与人格。这个如果不能保，则不仅抗战牺牲付之流水，并且绝对无以善其后。"

最后写道："我们全国一切拥护国家独立的人，依然可以守住正统政府，大家心安理得地工作与牺牲。这样，中国就永不亡，民族精神也永不至衰落。时机紧迫，千钧一发，我们贡献这几句愚直之言，特别希望在汉口的政府当局注意。"

张季鸾此文，苦口婆心，透彻讲明利害和大是大非。不久，投降派的汪精卫出亡河内，走上汉奸卖国的可耻道路。此文当头一棒，唤醒了多少意志本来并不坚定的人，使国家一时免于陷入"土崩瓦解"之局。

那时，张季鸾白天四处了解情况，晚上回到报馆，论文编报，而且还要兼顾经理部工作，是他一生中最辛苦也最出色的时期。他以如椽之笔写下不少影响极大、极深远的文章，如《中国民族的严重考验》《置之死地而后生》《最低调的和战论》等社评，当时曾振奋人心，下定长期抗战的决心，与动摇分子汪精卫之流做斗争。

在《中国民族的严重考验》中说："这几天的军事概况，是大家都知道的，大家务注意，这是命运给中国民族的一个严重考验！我们得突破难关，便是自由人；若心灰意沮了，便须准备做奴隶。我吁恳全国共同觉悟，今天以后最要紧的是自己的坚固团结，要团结成一个伟大的有机组织，彻上彻下，光明透亮，大家心安理得地共同工作、奋斗。然而要达到这个理想境界，先要互谅互信，要尽除一切自私之心，只余下一个共同的责任观念。具体地说，社会各方面或者各党派对于政府要谅、要信；同时，政府方面对志在抗敌之一切人，也要谅、要信。"他以明白、晓畅的道理，讲出一般爱国人士心肺中同情的话，所以句句能打动读者的心弦。

# 发烧喘吁之际仍然忧国恨敌

以《大公报》上海版人员为班底的香港版，于1938年8月13日出版。同年10月，武汉失陷，汉口版《大公报》又迁重庆，重庆版《大公报》于12月1日出版。张季鸾先到香港主持笔政，但这时他的身体已差，经常服药休息。他先后往来于港汉、港渝之间，为《大公报》尽最大的努力。

重庆版《大公报》的社评，主张坚决抗战，反对投降议和，呼吁："我们要彻底觉悟，现在中国只有战斗求生的一条路，绝对绝对没有和平！"12月2日又发表社评《国际大势》，指出国际黩武主义的猖獗，主张各民主大国结成民主阵线，反抗国际黩武主义。

1941年3月15日胡政之率香港版同人创办的《大公报》桂林版创刊。张季鸾非常兴奋，给胡政之写信说："我们在15年前合作办报，现在彼此都近垂暮之年，应该再好好合作一下。"他给桂林版访新闻、发专电，

还用"老兵"笔名写寄通信，对编辑版面常去信评点并提出建议，成为他给《大公报》、给旧中国新闻界最后的贡献。

1941年8月中旬，正是敌机对重庆"疲劳轰炸"的时候，张季鸾的肺病已进入晚期，病势深重危殆，退居他的挚友康心之在汪山的别墅中静养。

这一天，王芸生上山去看望张季鸾，谈到敌机轰炸，张说："芸生，你尽管唉声叹气有什么用？我们应该想个说法打击敌人。"王说："敌机来了，毫无办法抵抗，我们怎能用空话来安慰国人？"张季鸾忽然拥被坐起，很兴奋地说："今天就写篇文章，题目叫《我们在割稻子》。在最近的十天天气晴朗，而敌机连连来袭之际，我们的农民在万里田畴间，割下了黄金之稻。敌机尽管卖大力气，也只能威胁我们的少数城市，并不能奈何我广大的农村。况且我少数城市所受的损害，较之广大农村的割稻收获，何啻霄壤？抗战到今天，割稻是我们第一等大事，有了粮食，就能战斗。"这时距他逝世不过三个星期，在他发烧喘吁之际，仍然忧国恨敌。王芸生十分感动，回去就含泪写下这一篇社评，8月18日见报。

1941年9月在他病危时，蒋介石曾亲往汪山康寓慰视。张病逝后，在蒋的挽词中有"执手犹温"之句。

1941年9月6日张季鸾病逝。弥留时仍以同人的健康为念。他的遗嘱要求同人为驱除暴敌、恢复国家民族的独立自由而"敬慎将事，努力不懈"，表现出他爱国、爱人、爱事业，发自真心诚意。

# 三大得意　两点瑕疵

张季鸾自称平生有三大得意事：一是辛亥年为孙中山先生草拟就职大总统宣言；二是1940年年初，美国密苏里大学新闻学院授予《大公报》以密苏里最佳外国报纸奖章；三是老年得子。

1941年5月15日重庆新闻界为《大公报》荣获密苏里奖章举行庆祝会。张季鸾在会上演讲，他说："办报之秘诀在于准备失败。立言纪事，务须忠勇。忠者忠于主张之谓。此项主张自非偏见，事前务宜深思熟虑，多听他人意见，多考察各项事实。勇者，勇于发表。勇于发表必须准备失败。"可以说，这是他对自己30年办报经验的总结，也体现了一个正直的报人应具备的品格。

张季鸾平生最为人所疵议的，有以下二事：一是西安事变的时候，张曾一再写社评，反对张、杨两将军此举，劝速释放蒋介石；二是皖南事变后曾写一文（前一篇是王芸生写的），责备中共"破坏抗战"。

对此张季鸾未公开辩解，但在私下与徐铸成交谈中曾做如下解释："我的中心思想，是要抗战建国，必须要有一个国家中心。蒋先生有很多地方也不尽如人意，但强敌当前，而且已侵入内地了，没有时间容许我们另外建立一个中心。而没有中心，打仗是要失败的。所以，我近几年，千方百计，委曲求全，总要全力维护这个中心。"

蒋介石屡次"礼贤下士"，请张季鸾到南京、到庐山"共商国是"。

张以国士报之，知无不言，遂被募为幕内之策士。国民党中人认为蒋把所有的人都当作他的部下，而没有能和他平起平坐的诤友，有之，唯张季鸾一人。他对蒋难免有报恩之感。

皖南事变，偏袒国民党，立论所据并非客观事实，与他一向持平的态度大异其趣。后来徐铸成为此事问他，他说："芸生招架不住，只好由我力疾写此文，以资应付。"当时他受到的压力如何不得而知，但这篇文章和西安事变时的言论，显然都是白圭之玷。

# 倡导报人要无私

文如其人。张季鸾为文与他为学为人是分不开的。他就学于关中经学家刘古愚，打好了国学基础，以后为文绵密警策，深受经学家砥节励行的影响。其后留学日本，赞助辛亥革命，投身报界，关心天下大事，目光四射，见识更广。他的文章取重一时，但为文从不留稿，常说："我们写的文章早晨还有人看，下午就被人拿去包花生了。"话虽如此，他写文章的态度是严谨的，执笔前都经过深思熟虑，从无敷衍之作。分析一些问题能够抽丝剥茧，层层深入，中间往往有对仗的警句，读来朗朗上口。

他曾谈到社评写作，第一要不偏，第二要不滥。不偏则意旨平正，不滥则文字清晰。他还谈过写社评的秘诀："千万别用冷僻的字或典，太冷僻了，读者面就缩小了。"又说，"千万勿写过长的句子，如果一句话讲不完，宁可拆开两句，甚至几句来说明。否则一句长达几十个字，读者看到后面时，前面已忘记了，文字结构也易西洋化。在遣词遣句或用成语的地方。凡别人已用滥了的，千万勿抄袭，应另外找一相同或类似的字或句子。这样写不是为了要标新立异，按常理讲，比如有一个朋友和你谈话，老是那一套老生常谈，即便是至理名言，也易使人多闻生厌。"

在一篇题为《无我与无私》的文章中，张季鸾提出"记者在撰述或记载中，要竭力将'我'撇开。根本上说，报纸是公众的，不是'我'的。发表主张应尽到客观的探讨，不要夹杂着自己的名誉心和利害心，而且要力避自己的好恶爱憎，不任自己的感情支配主张。名誉心本来是好事，但容易转到虚荣。以卖名为务，往往误了报人应尽之责。"

他这样阐述"无私"之义："报人的职责在谋人类的共同福利。不正常的自私其国家民族，也是罪恶。以中国今天论，我们抗日绝非私于中国。假若中国是侵略者，日本是被侵略者，那么，中国报人就应该反战。"他认为："私的最露骨是谋私利，这是束身自爱的报人都能避免的。其比较不易泯绝者，是私于所亲，私于所好，而最难避免者为不自觉的私见。"他曾对报人提出期望："人们或问，无我无私，岂不是大政治家风度？我可以这样答：我们报人不可妄自菲薄，报人的修养与政治家的修养实在是一样，而报人感觉之锐敏，注意之广泛，或有过之"。

张季鸾

宁鸣而死，不默而生

# "处处忙人事　时时念国仇"

　　胡政之在悼念张季鸾的文章中写道："季鸾为人，外和易而刚正，与人交辄出肺腑相示，新知旧好对之皆能言无不尽。而其与人亦能处处为人打算，所以很能得人信赖。采访所得，常可达到问题之症结。尤其生活兴趣极为广泛，无论任何场合，皆能参加深入，然而中有所立，却又决不轻于动摇。生活看起来似乎很随便，而实际负责认真，绝没有文人一般毛病。在编辑时往往为题目一字修改，绕室彷徨到半小时；重要社评无论他写的或我写的，都要反复检讨，一字不苟。重要新闻如错排一字，他可以顿足慨叹，终日不欢。"

　　接着写道："中国人向来最不容易合作，而'文人相轻'尤其是'自古已然'，吴、张两先生同我都是各有个性，都可说是文人。当结合之初，许多朋友都认为未必能够长久水乳，但是我们合作了多年，精诚友爱，超乎通常交谊。所以然者，各人都能尊重个性，也就能够发挥个性……这样，在互相尊重中间，所以在二十年间，才能够由一个地方报办成一个全国性的报，而且在国际上多少得了一点地位。这都不是偶然侥幸的。"

　　李侠文在悼念文章中写道："季鸾先生对人一团和气，全无架子，却不是面面俱圆的好好先生。他外圆内方，有强烈的是非观念，处事极有原则。他初以一记者献身社会，30年后仍以一记者死去。两度入狱，不改故常，不问名利，乐于助人，而国家大事则时刻不曾去怀。于右任

54

先生赠他的诗'处处忙人事，时时念国仇'，是写实的佳句。我写过两句悼讲：千载事功，曰诚曰敬；一生心血，为国为民'。这是我从他为人为文中得到的真实印象。他待人以诚，处事以敬，一生不做妄语，不玩弄手段，心口如一，热情感人，相信接触过他的人都会有同感。"

张季鸾轻财好友，待人忠厚。著名报人邵飘萍遭到皖系军阀迫害时，张正被日本大阪《朝日新闻》聘为特约记者，他向报社推荐把这一机会让给邵飘萍，使邵飘萍避往日本，解救了一时危难。"三一八"惨案发生，邵飘萍被捕遭杀害，当时张季鸾正由上海流落天津，经济十分困窘，而毅然接邵的遗孀祝文秀母女到天津居住。同年9月《大公报》续刊，经费尚不宽裕，每月仍馈赠祝一百元，当时相当于一个正式编辑的月薪，且持续三年不断。每星期请她们母女吃一次饭，还经常送戏票到她们家，请她们看戏、散心。在祝居天津三年内，每逢邵飘萍忌辰，张都要到祝的寓所来慰问，并亲撰祭文，在邵的遗像前一边流泪，一边朗读，读完焚化，以为祭奠。

张季鸾为国捐款的事迹也很感人。1937年"八一三"沪战期间，《大公报》呼吁读者们踊跃捐款，救济难民。有一天七八个卖报的儿童到报馆捐献了他们的积蓄。张季鸾闻讯非常感动，立即到楼下营业部看望，和他们合影，在报上发表还亲自写一短评，说中国的儿童也自动起来支持抗战，证明中华民族是不可侮的。

张老年得子，他的好友和国民党权贵赠送了不少金银饰物为贺，张主张全部捐给逃进租界的受难同胞。张夫人同意，但想留下两件作为纪念。张说："你只想镐弟（其子乳名）可爱，不知比镐弟更可爱的许多孩子

被敌人惨杀，或因父母牺牲而成了孤儿，无依无靠，正企望救助，你看该怎么办？"张夫人听了心悦诚服，即将礼物全部捐献。

战时重庆一度流行白喉症，特效针剂奇贵，一般病家无力承担。张季鸾趁去港机会，自费买了几箱带回重庆，捐赠医院。

他一生无积蓄，临终时身边只余法币10元。于右任称赞张季鸾有句："不自顾其穷，不自惜其病，不自恤其死，念念在国家，念念在职务。"

## 身后哀荣高度评价

张季鸾逝世后，重庆新闻界和各界人士隆重举行追悼会。周恩来、邓颖超联名赠一挽联："忠于所事，不屈不挠，三十年笔墨生涯，树立起报人模范；病已及身，忽轻忽重，四五月林屦失次，消磨了国士精神。"中共中央领导人毛泽东、陈绍禹、秦邦宪、林祖涵以参政员名义，从延安发出唁电："季鸾先生在历次参政会内，坚持团结抗战，功在国家，惊闻逝世，悼念同深。"周恩来、董必武、邓颖超又从重庆发出唁电："季鸾先生文坛巨擘、报界宗师谋国之正，尤为士林矜式。不意积劳成疾，遽归道山，音响已沉，切劘不在，天才限于中寿，痛悼何堪！"这些均表达了对一代报人的热情赞扬，肯定了他对国家的功绩，对他的一生做出了公允的评价。

# 一代报人张季鸾

李云祯 牛济 刘耿

张季鸾，名炽章，以字行，陕西省榆林市人，是一位有国际影响的中国近代报刊政论家和杰出的新闻记者，同时也是一位著名的爱国民主人士。他与国民党元老、书法大师于右任、水利科学家李仪祉被誉为"陕西三杰"。

## 一、家世及少年时代

1888年3月20日（清光绪十四年二月初八日），张季鸾出生在山东省邹平县，其父张楚林，字翘轩，光绪三年（1877）丁丑进士，以知县分发山东，先后在汶上、平度、曲阜、邹平、宁阳等地任职，巡抚张限、李秉衡奇其才，并重之。他"终身借素，不苟取与。与人厚，自治严，

工文辞书法，未尝自诩，教子孙专志经史，勿循举业，其风操如此"①。其母王氏粗通文墨。在严父慈母的教诲之下，张季鸾接受着中国封建传统思想文化的熏陶。张季鸾弟兄四人：焕章、炳章、灿章，他排行最小。

1901 年年初，张父病逝于济南。张季鸾随母亲王氏偕两个妹妹，千里迢迢扶灵柩回籍，一家人窘困异常，"既至贫甚，几不能举火"②。

张季鸾幼年体弱口吃，但秉性聪颖，勤奋好学，以擅长撰文著称。在榆阳书院从田善堂先生就读时，即熟谙《四书》《五经》，乃至《国策》《国语》，延榆绥道陈兆璜颇赏识他的文采"召之入署，命与子共读"③。

1902 年秋，陈兆璜资助张季鸾前往关学大师刘光蕡在礼泉县九嵕山下主持的"烟霞草堂"就学。刘光蕡是关中经学家的领袖，也是资产阶级改良主义运动在陕西的重要启蒙人物。他积极倡言维新，与康有为、梁启超的政治主张遥相呼应，"一时有南康北刘之目"④。戊戌变法失败后，刘光蕡曾遥祭谭嗣同、康广仁等六君子，引起清廷地方官吏的极大嫉恨。不久，他被解除味经书院、崇实书院山长职务，专门从事讲学活动。张季鸾在刘光蕡的亲自指点下，博览群书，学业大有长进。他喜读《明鉴》《文献通考》，并抄《通考序》和《方舆纪要序》等典籍著作，"故于国学朗然得条理，为文章亦如良史之绵密警策"，"其留心经世学问，立言

---

① 《清故宁阳县知县张君墓表》。

② 《清故宁阳县知县张君墓表》。

③ 《西北革命史征稿》，中卷，第69页。

④ 于右任：《我的青年时期》。

在天下，固早有所受之也"①，这为他后来从事新闻报刊事业奠定了坚实的基础。于右任撰文怀念张季鸾，有："从古愚（刘光蕡号）师诸同门中，年最少，学最勤，晚年所最得意弟子，实唯先生耳。"②

1903 年春，刘光蕡接受陕甘总督崧蕃的邀请，前往兰州就任甘肃省大学堂总教习之职，张季鸾遂转入三原宏道学堂学习。在这里，他首次结识了于右任先生及后来在辛亥革命、护国战争中做出重要贡献的一大批陕西革命志士。

1904 年年初，张季鸾母亲王氏病逝，他回榆林料理完丧事后，强忍悲恸之情，继续刻苦求学。出任陕西省提学使的沈卫十分器重他的才华，对他的学业倍加关注，并令其侄沈钧儒具体给予指导。因而，张季鸾从此便与长他十三岁的沈钧儒成了忘年之交。

# 二、东渡日本留学

1901 年年初，清廷在西安颁布"新政上谕"，就朝章国政、吏治民生、学校科举等诸政要，进行一些徒袭皮毛的所谓"改革"。开办学校、派遣留学生等，就是其中的一项重要内容。

1905 年，陕西高等学堂派遣官费生留学日本，拟定名额三十一人，分别由三原宏道学堂、省城关中大学堂和陕西师范学堂选拔。张季鸾以

---

① 于右任：《悼张季鸾先生》，1941 年 9 月 7 日《大公报》（重庆版）。

② 于右任：《悼张季鸾先生》，1941 年 9 月 7 日《大公报》（重庆版）。

优异成绩入选，且年龄最小，仅有十八岁。

到达日本后，张季鸾先入东京经纬学堂补习日语。他的日语水平提高很快，不久，既能听讲、笔记，还能阅读福泽裕吉等著作。嗣后，他又升入东京第一高等学校攻读政治经济学，对资产阶级的政治学说和经济理论体系产生浓厚的兴趣。

1905 年 8 月 20 日，在孙中山先生的领导之下，"中国革命同盟会"在日本东京成立，并制定"驱除鞑虏，恢复中华，建立民国，平均地权"的政治纲领。由于同盟会革命党人的影响，张季鸾开始注重社会政治活动，思想上发生了深刻的变化。

1906 年秋，经过同盟会会员井勿幕等人的艰苦努力和耐心细致的思想工作，"同盟会陕西分会"终于在东京创建。张季鸾经井勿幕和赵世钰等人介绍，首批加入同盟会陕西分会，投身于资产阶级民主革命运动的行列。

1908 年 2 月 26 日，同盟会陕西分会部分留日学生为适应革命形势的需要，特创办革命刊物《夏声》杂志。张季鸾被推选为编辑，他以少白、一苇等笔名积极为《夏声》撰稿，几乎每期都有他的文章，这是张季鸾从事新闻报刊工作的起点。《夏声》杂志先后历时一年零七个月，在北方诸省留日学生所创办的刊物中，维持时间最长。他们密切配合国内反对清朝政府黑暗统治的斗争，与之遥相呼应，有力地促进了陕西人民的革命觉醒。因此，《夏声》杂志也就成为辛亥革命时期资产阶级革命派舆论阵地的重要组成部分。

《夏声》和同盟会在陕西的革命活动有着至为密切的关系，"初皆以《夏声》杂志为总枢"①，《夏声》成为同盟会陕西分会会员往来于东京、陕西之间的纽带，更便于进一步沟通思想，加强联络，从而把许多革命力量融合为一体，极大地推动陕西资产阶级民主革命运动的进程。

与此同时，张季鸾还与其侄张阜生（字崇基）创办《陕北》杂志。"发愿终身做记者，春风吹动耐寒枝"。

张季鸾从此踏上了"言论报国""新闻救国"的道路，开始了新闻报刊事业的生涯。

张季鸾还十分关心陕西教育事业的落后状况，撰述了许多关于教育方面的论文，如《参观日本千代田小学校记并书后》《忠告陕西小学教育家》《日本教育发达史论》等，反映了他的"教育救国"思想。民国初年，他曾根据自己留学日本的切身体会，建议陕西省政府专门设置资助学生的基金，使得陕西省的学生到国外及北京等地求学的人数遽然增加，进步风气日开。

1908 年夏，张季鸾回国，与高夫人结婚。在榆林逗留期间，他应邀在榆林中学讲学。年底，他告别高夫人和友人，再度赴日本攻读，并继续编辑《夏声》杂志。

张季鸾在日本留学将近六年，由于他刻苦勤奋，对日本的历史，特别是对明治维新以后的政治变化，以及社会思潮、地理概貌、风俗人情，做了深入的大量的调查和研究，成为著名的知日派人士。

另外，张季鸾的日文水平有很深的功夫，在中国留学生中间，也是

---

① 《陕西文史资料选辑》，第 1 辑，第 150 页

屈指可数。"先生后游日本，一时陕西留学生中，亦唯先生年最少，而成就亦最可贵"，这绝非虚辞。

# 三、为民主革命大造舆论

辛亥革命前夕，资产阶级民主革命思想广泛传播，革命怒涛汹涌澎湃，锐不可当，它预示着清王朝的末日即将来临。

1911 年年初，张季鸾自日本归国，便欣然接受老同学、同盟会会员、陕籍人士于右任的邀请，在上海协助编辑《民立报》，投身于革命的激流之中。

《民立报》是于右任继《神州日报》《民呼日报》《民吁日报》之后，创办的又一份大型的革命派日刊报纸。前三份革命报刊，由于清朝反动黑暗专制政府和帝国主义的相互勾结及共同镇压，都先后被扼杀。但于右任矢志不渝，毫不气馁，继续坚持资产阶级革命派的旗帜，使《民立报》成为同盟会在上海的重要言论机关，《民立报》社也成为同盟会在上海的秘密联络点。

1937 年，张季鸾五十岁寿辰时，于右任曾赋诗《寿张季鸾》，追思这一段不平凡的往事，"先生初助余办《民立报》，英恩卓识，天字开张，三十年来交情，历历如昨"：

榆林张季子，五十更风流。

处处忙人事，时时念国仇。

新声翻法曲，大笔卫神州。

君莫论民立，同人尽白头。

于右任对张季鸾在辛亥革命时期的功绩，给予高度的评价和赞誉。

1911 年 10 月 10 日，武昌起义爆发，正式揭开了辛亥革命的帷幕。这次空前的伟大革命，沉重地打击了帝国主义在中国的侵略势力，推翻了清王朝的反动统治。

1912 年 1 月 1 日，孙中山在南京宣布中华民国成立，并就任中华民国临时大总统，中国历史上第一个资产阶级共和国诞生。张季鸾由于右任推荐，任中华民国临时政府大总统孙中山的秘书，亲自参与了《临时大总统就职宣言》等重要文件的起草工作。

值得一提的是，张季鸾从南京发给上海《民立报》的关于中华民国临时政府成立及孙中山就任临时大总统的专电，是中华民国成立后的第一条新闻专电，"中国报纸之自有新闻电，确以张季鸾先生一电为嚆矢"。这是张季鸾对中国新闻报刊事业开拓性的贡献。

1912 年 2 月，中华民国临时政府向握有强大权力的袁世凯妥协，孙中山被迫辞去临时大总统职务。不久，临时政府由南京迁往北京，辛亥革命的胜利成果被袁世凯窃取，张季鸾便结束了他一生中极为短暂的政界生涯，回到上海，与于右任等在上海筹办"民立图书公司"。

# 四、仗义执言两陷图圄

袁世凯窃取辛亥革命胜利成果后，肆无忌惮地实行反革命专制统治，他对新闻报刊事业的控制和摧残，"既有浓厚的封建专制主义的色彩，又有强烈的资产阶级法西斯主义的色彩"，给旧中国新闻报刊事业带来了深重的灾难，所谓的"癸丑报灾"，就是袁世凯禁锢言论出版自由最黑暗、最反动的统治时期的真实写照。

1913年年初，张季鸾和曹成甫北上，创办北京《民立报》，张同时兼任于右任经营的上海《民立报》驻京记者。

3月20日，窃国大盗袁世凯指使其党羽在上海火车站暗杀资产阶级民主革命家、国民党代理理事长宋教仁，决心用反革命的铁血手段扑灭民主革命势力。

袁世凯一手制造的"宋案"发生后，舆论哗然。张季鸾即在北京《民立报》上，"为宋案慷慨执言，利动而威怵之者，举不为之移易"。他以鲜明的革命派旗帜，痛斥袁世凯的反革命野蛮暴行，因而，袁世凯对他恨之入骨。

为了发动反革命内战，袁世凯积极筹措反革命战争经费，对南方诸省革命党人进行全面武力镇压。4月26日，袁世凯未经国会同意，擅自指派国务总理赵秉钧偕同陆征祥、周学熙赴东交民巷汇丰银行，与英、法、德、日、俄五国银行团签订出卖中国主权以换取二千五百英镑的《善后借款合同》，这项"合同"，以中国的盐税等作为抵押和担保，是历届反动政府向帝国主义银行举借的最大的一笔外债。共同的反革命利益，使帝国主义和袁世凯紧密地勾结起来。张季鸾通过采访得到这个"合同"的全文后，立即在上海《民立报》披露了这一非法的肮脏交易，在国内引起一场轩然大波。

因此，北京《民立报》被袁世凯查封，张季鸾本人也遭到无理逮捕，囚禁于军政执法处监狱达三个月之久，"几遭不测"。后经好友康心孚等人多方周旋营救，"于是年双十节之翌日，恢复自由，相偕南归"，著有《铁窗百日记》，以志其事。

1938 年，于右任在汉口因念旧事，置酒为祝"季鸾弟癸丑十月十一日在北京出狱二十五年纪念"，作双调折桂令曲，云：

危哉季子当年！洒泪桃源，不避艰难。恬淡文人，穷光记者，呕出心肝。吊民立余香馥郁，说袁家黑狱辛酸。到于今大战方酣，大笔增援。廿五周同君在此，纪念今天，庆祝明天。

在这曲词中，于右任淋漓尽致地勾勒出了张季鸾持正不阿、不为权奸胁诱所动的大无畏精神。

嗣后，张季鸾返回上海，应胡政之邀请，担任《大共和日报》国际版主编，并兼职上海吴淞中国公学教授，讲授日语和外交史。1915 年，张季鸾在上海创办《民信日报》，任总编辑，与井勿幕等一道抨击袁世凯妄图复辟帝制的罪行。

1916年，袁世凯在全国亿万人民的唾骂声中结束了自己罪恶的一生，张季鸾再度来到北京，主持北京《中华新报》笔政，兼任上海《新闻报》驻京记者。

1918年9月24日，《中华新报》因揭露段祺瑞政府继承袁世凯的反动衣钵，出卖中国主权，向日本方面举办满蒙四路和顺徐二路大借款协定的消息，被京师警察厅徐树铮等一伙诬以"破坏邦交，扰乱秩序，颠覆政府"等罪名，予以封闭，总编辑张季鸾再陷缧绁。后国会提出抗议，政学会重要人物张耀曾等人又四处出力奔走，始恢复自由。

1919年，张季鸾南下，担任上海《中华新报》总编辑。1924年1月21日，无产阶级革命导师列宁逝世，张季鸾即在《中华新报》上发表《列宁逝世》一文，高度赞扬列宁一生的伟大功绩，是"千古一人而已"，无与伦比。著名记者邵飘萍在《新闻学总论》一书中，曾称誉这一段办报时期的张季鸾"头脑极为明晰，评论亦多中肯，勤勤恳恳，忠于其职，不失为贤明之记者，且自身殊少党派之偏见"。1924年冬，《中华新报》因经营不善而停刊。

1925年，张季鸾由河南军务督办胡景翼推荐，出任陇海铁路会办。未几，又复走京津，参与改组国闻通讯社和《国闻周报》的筹划工作。

## 五、倡导新闻自由

1926年，张季鸾和胡政之、吴鼎昌相逢于天津，时值英敛之时期的旧《大公报》停刊不久，张、胡、吴经过商议，决定接办《大公报》，由吴鼎昌筹资并担任社长，胡政之任总经理，张季鸾出任总编辑，改组成新记公司《大公报》。

自 1926 年 9 月 1 日《大公报》创刊至 1941 年 9 月 6 日张季鸾病逝，张一直主持《大公报》笔政，长达十五年。在这一时期，中国社会发生着急遽的动荡，《大公报》伴随着这种翻天覆地的变化，经历了错综复杂的道路，张季鸾也接受了严峻的考验，开创了他一生中从事新闻报刊事业的鼎盛时期。

张季鸾是中国新闻界资产阶级新闻自由的倡导者，他曾力图使《大公报》成为一份反映中国自由舆论的喉舌。他在《大公报》创刊号的社评——《本社同人之志趣》一文中，提出了"不党、不卖、不私、不盲"[①]的办报方针。但是，这种超阶级的政治主张，在阶级社会里显然是不可能真正付诸实现的。办报伊始，他即"声明不以言论做交易，不受一切带有政治性质之金钱辅助，且不接受政治方面之入股投资。是以吾人之言论，或不免囿于智识及感情，而断不为金钱所左右"，并和胡政之、吴鼎昌三人相约。绝不接受外间金钱；三年内不许担任有俸给之公职等。事实也是如此，张季鸾恪守诺言，从未接受过蒋介石等人的赞助和变相投资，有人曾"以万元为先生寿"，时张季鸾正在拮据之中，竟婉谢之，此类事情不胜枚举。张季鸾一生志趣在新闻事业，以办报为终生事业，丝毫无意在官场混迹。民国初年，他曾拒受国会议员之选，并非故为清高，殆师太史公司马迁"戴盆何能望天"之意，因为新闻记

---

① 《季鸾文存》，第 1 册，第 30 页。

者的言论记载，皆属政治范围内事，如果参与政事，即失立言自由，其最终目的就是保持《大公报》的相对独立性和"不偏不倚"的公正立场。

张季鸾以"不望成功，准备失败"八个字作为办报之秘诀，不怕与社会氛围冲突，不怕报纸失败。他曾多次指出："报人之天职，曰忠，曰勇。"因此，他的主张能忠贞不贰，发表亦少所禁忌。先生文章之影响大，感人深，胥由忠勇二字得来。张季鸾接办《大公报》时，适国民革命军誓师北伐，其报址正设于杀害著名记者邵飘萍、林白水的刽子手军阀张宗昌统治下之天津，他不畏强暴，怒斥军阀虐政，促进南北统一，故一时《大公报》有"坐北朝南"之目。

"九一八事变"前，在国内阶级矛盾仍为主要矛盾的中国社会里，张季鸾的主要政治倾向，是拥护以蒋介石为代表的国民党政府。但总的来说，张季鸾的基本立场是爱国的，对蒋介石的某些做法也不尽赞同，而且对国民党政府的某些弊政及贪污腐化现象，在一定限度内也有所抨击和揭露。张季鸾由于受西方资产阶级新闻思想的影响，根据他长期办报的亲身经历，对国民党政府压制禁锢新闻言论自由的新闻制度进行过多次抵制和不懈的斗争，并一贯坚持强硬的政治立场，直言不讳地提出严厉的批评。他在《大公报》先后发表了《关于言论自由》《改善取缔新闻之建议》《论言论自由》等一系列社评，明确建议国民党新闻检察机关对于各界言论，应"力采宽大主义""充分尊重人民权利之精神行之""勿令军事机关管理其事""凡批评政局政策及官吏行动者，除非其主张有阴谋反动之嫌，概不禁止"，主张实行能够发表的言论必须允许发表的政策，不得任意扣留。"若当局持吹毛求疵之态度，则中国永无言论自由可言矣"。

在张季鸾的这种新闻思想支配下，1934年，《大公报》附属刊物《国闻周报》曾突破国民党的封锁，连续刊载"赤区土地问题"专栏，指明红区有一整套社会制度，绝不是什么"土匪""流寇"，在当时引起极大震动。

另外，从1935年11月起，《大公报》连续发表长篇通讯《中国的西北角》，首次向全国公开报道正在进行中的红军二万五千里长征，增进了广大读者对中国共产党及其领导下的工农红军的了解。1937年4月，《大公报》还透露出中国共产党抗日民族统一战线的内容，使广大人民看到国家前途即将出现的曙光，激励了民族斗志。《大公报》的真实报道，与蒋介石污蔑中国共产党的言论大相径庭，因此，蒋介石恼羞成怒，大骂张季鸾。而《大公报》的地位和政治影响却与日俱增。

显而易见，张季鸾积极倡导资产阶级新闻自由，在一定程度上揭露了国民党反动专制独裁统治，较客观地反映了公众的舆论。

# 六、坚持团结抗战

1931年，日本帝国主义侵略者悍然发动了"九一八事变"，国内阶级矛盾降为次要地位，帝国主义和中华民族的矛盾上升为中国社会的主要矛盾，抵御日本武装侵略，挽救民族危亡，成为全国各爱国阶层当务之急。

因张季鸾对日本国内情况比较了解，所以他对日本帝国主义的侵略本质早就有所认识。"九一八事变"前夕，中日关系趋于紧张，《大公报》派出记者前往日本等地采访，张季鸾对这些采访报道作了深刻的评论。他敏锐地观察到日本帝国主义为了转嫁其空前严重的经济危机，大肆兜销其过剩产品，"以中国为尾闾（倾销地）"，极大地摧残了中国民族资本主义工业的发展。日本帝国主义的反动扩张政策，势必给中华民族带来深重的灾难，他一针见血地指出："此吾人所大感危惧者也！"①点明了日本对中国的侵略意图。

"九一八事变"后，日本帝国主义公然出兵侵占我国东北，张季鸾十分沉痛地说："国家今日受此奇辱，人民遭此奇劫，凡过去现在政治上负责之人，虽自杀亦无以谢国民。一笔误国殃民账，实已不堪算，不能算！而今日外患凭陵，兆民水火，国家人格被污尽，民族名誉被毁尽！"②其忧国忧民之情溢于言表。但张季鸾认为国势衰弱，时机未至，主张持重，反对立即向日本全面宣战。

1932年1月28日，淞沪之战发生后，张季鸾指出："中国一旦被迫自卫，则无论如何，必须抗拒至最后之日，非将中国自日本侵略征服主义完全解放，对日无和平之可求。此非主张也，事实如是也。"③这说明了他的抗战信念。

1936年11月23日，国民党在上海逮捕了全国各界救国会领袖沈钧儒、邹韬奋、李公朴、章乃器、王造时、沙千里、史良7人，制造所谓

① 《季鸾文存》，第1册，第37、54、75页。
② 《季鸾文存》，第1册，第37、54、75页。
③ 《季鸾文存》，第1册，第37、54、75页。

"七君子事件"。张季鸾对蒋介石如此对待抗日爱国者极不满意，曾几度赴南京营救。1937 年"七七事变"的爆发，正式揭开了中国人民抗日战争的序幕。张季鸾主编的《大公报》发表了许多坚持抗战、反对投降、鼓舞人心的好文章，提高了全国人民抗日的积极性。"八一三"战起，上海《大公报》断然拒绝日本帝国主义检查新闻稿件的非法"通告"，自动宣告停刊，表现了中国人的高尚气节。

国民党政府迁都重庆后，张季鸾在 1937 年 12 月 8 日发表了蜚声一时的著名社评《最低调的和战论》。文章指出："我们以为政府即日即时应明白向中外宣布，如日本不停止进攻南京，如日本占领了南京，则决计不接受调解，不议论和平。我们以为这绝不是高调，乃是维护国家独立最小限度之立场。"又说，"倘南京不幸被占，应明白拒绝名为调解实为屈服之一切议论。"文章最后指明，只要大家"不分党派，同心奋斗"，"中国就永不亡，民族精神也永不至衰落"，力言和局之不可保，只有继续抗战之一途。这篇文章颇有感染力和说服力，使"空气澄清，群疑一扫"，在当时影响很大。

日本帝主义侵略者大举进犯我国后，张季鸾写了大量社评，控诉日本强盗屠杀中国人民的残暴罪行。在题为《中国青年》的社评中，他指出："敌人不把我们当人！敌人在占领地的心理，是打猎！同时要牢记：敌军又残，又贪，又卑劣，纪律荡然，丧失人性！这也可以证明其精神的堕落，就可以反证中国胜利之不难。"[1]同时，张季鸾还注意把日本人民同日本帝国主义者严格区分开来，希望日本人民"反侵略，反战争"，

---

① 《季鸾文存》，第 2 册，第 47 页。

"从军阀压迫中解放出来"。这一见解在当时来说是很深刻的。

对于抗日战争的最后胜利，张季鸾始终充满了信心和乐观态度。在1938年3月18日《大公报》社评《中国国民应有的自信》中，他对敌我双方诸方面的因素做了精辟的分析，指出："日本侵略力有限，而中国抵抗力无穷""侵略靠经济，侵略越久，经济越坏，最后必然崩溃"。同时，又写道："莫要眩于日本之假强，而忘却中国之真强。中国过去完全自误，一旦觉醒而奋斗，这种力量比日本不知要大几十倍。以无穷之抵抗，当有限之侵略，中国最后当然要胜利，当然能驱逐敌军出中国。"这些分析，驳斥了中国必亡必败的悲观论调，鼓舞了人心志气。

为了中华民族抗日战争胜利，张季鸾还提出了中苏同盟的主张。1940年，他向蒋介石建议以邵力子为驻苏大使，被蒋采纳。是年，5月16日，重庆版《大公报》发表张季鸾写的社评《送邵大使赴苏》，其中写道："我们深信邵大使此行必能善尽其使命，而盼望其所成就者绝不止维持亲善之现状，而能以精神上代表中国民族之资格，对于巩固及发展两国未来之关系上有所解决。"

1941年7月7日，张季鸾在《大公报》社评《抗战四周年纪念辞》一文的结尾高呼："祝中国最后胜利！祝世界反侵略友邦胜利！打倒企图征服中国的日寇！打倒企图瓜分世界的三国同盟！打倒日汪伪约！打倒汉奸汪精卫！罗斯福大总统、丘吉尔首相、斯大林主席万岁！"这是张季鸾一生中撰写的最后一篇文章，充分表达了他对中国人民反法西斯战争的胜利寄予的无限希望。

由此可见，在中华民族同日本帝国主义之间的民族矛盾上升为主要矛盾的这一特定历史阶段，张季鸾是坚决抗日的爱国者。其可贵之处，就在于他在中国共产党抗日民族统一战线政策的感召下，顺应了历史时代发展的潮流，以民族大义为重，提出了一些进步主张。他主张对内联共，对外联苏，共同抗击日本帝国主义的军事侵略，他尖锐地揭露了日本帝国主义屠杀中国人民，妄图吞并中国的野心，有力地鞭笞了日本帝国主义的残暴罪行，并强烈地反对溥仪伪"满洲国"和汪精卫、王克敏等汉奸组织的"民族灭亡"政策，对抗日战争的最后胜利寄予极大的期望。这些都明显地反映了张季鸾在这一历史时期的主流思想。

新闻界之佼佼者张季鸾自 1908 年在日本东京编辑《夏声》杂志至主持《大公报》笔政，前后达三十余年之久，共撰写三千余篇文章，他将自己宝贵的一生奉献给中国新闻报刊事业，在中国新闻报刊史上，占有极其重要的历史地位。于右任曾说："先生积三十年之奋斗，对国家有大贡献，对时代有大影响，其言论地位，在国家，在世界，并皆崇高。"高度评价张季鸾的重大贡献。他是继王韬、梁启超之后涌现出的最有影响的中国近代资产阶级报刊政论家，堪称中国新闻界的一代大师。

张季鸾具有高尚的新闻职业道德和情操，他从未把办报视为向上攀缘的政治阶梯和营利机关。他经常以"不求权，不求财，不求名"勉励报社同人，并身体力行，坚守一生办报所秉持的忠实信条。他说："新闻记者不为威胁易，不为利诱亦易，唯不为名惑最难。"他言论终身所用的笔名有：少白、一苇、榆民、一记者、一老兵等，接办《大公报》后，文章概不署名。社论采取不署名制，并不是从《大公报》开始的，但张季鸾主持《大公报》后，使不署名制成为定制。不署名制，于立言便利，

且代表全社，也寓个人不求名之意。

张季鸾对自己的文字从不自珍，既不留底稿，也无意搜集，"清谈虽语惊四座，公开讲演则从不一临"。许多读者投书请印行他的文集，他答复"报纸评论都是急就章，殊鲜称意之作，不值印行"，而婉言谢绝。他殁世后，胡政之编选《季鸾文存》时，费了很大的周折和气力。

张季鸾平易近人，交友遍天下，"掌一代论坛，纵论天下事，奖善惩恶，不稍假借，而从无一人与先生结私怨，亦从无一人不谅解先生之用心"，其人格修养，"故贞亮冠世"。

"事业前进，个人后退"，张季鸾深感办报使命重大，后继乏人，因此，尤以奖掖青年后进为乐。他甘当人梯，对后进多为提携，注重培养锻炼，为他们创造和铺设各种便利条件，使他们迅速担负起时代的重任，以适应形势发展的需要。周恩来同志曾赞许《大公报》培养了不少人才。张季鸾担任《大公报》总编辑长达十五年，除接办天津《大公报》外，还发行了《大公报》上海版、汉口版、重庆版、香港版、桂林版，从最初发行量不足两千份，发展到九万七千余份，使《大公报》成为自成体系的、有全国影响的大报，表现了他的勇气及魄力。

张季鸾的《大公报》社评，文笔犀利、朴实，言论行谊，则有国士风，从不板起面孔训人，注意以理服人，以情动人，其热情忠诚，常流于笔端。因此，他的文章影响大，感人深。周恩来同志曾指出"作总编辑要像张季鸾那样，有优哉游哉的气概，如腾龙飞虎，游刃有余"，这是很确切的评价。

1940年5月15日，美国密苏里大学新闻学院评选《大公报》为

1941 年最佳外国报纸，并把它的荣誉奖章赠送给《大公报》，并谓"在中国遭遇国内外严重局势之长时期中，《大公报》对于国内新闻与国际新闻之报道，始终充实而精粹，其勇敢而锋利之社评影响国内舆论者至巨"。《大公报》自创刊以来，"始终能坚守自由进步之政策"，"始终能坚执其积极性新闻之传统"，虽屡受困难挫折梦，"仍能增其威望"。最可贵的是，"且能不顾敌机不断之轰炸，保持其中国报纸中最受人敬重、最富启迪意义及编辑最为精粹之特殊地位。《大公报》自创办以来之奋斗史，已在中国新闻史上放一异彩，迄无可以颉颃者"。张季鸾的名字与《大公报》早已融为一体，《大公报》所取得的荣誉，与张季鸾的勤奋和努力是分不开的。同一天，重庆新闻界为此举行了隆重的庆祝会，中共《新华日报》赠送《大公报》贺联一副，文曰："养天地正气，法古今完人"，条幅题为："同心协力"。可见中国共产党对于《大公报》是寄有一定期望的。

张季鸾主持《大公报》之所以获得成功，这是由"其最高兴趣和最低享受实造成之"。

张季鸾的工作是相当繁重的，总是亲自处理重要新闻、主要标题，对于版面安排，都要斟酌推敲，反复思考。他每夜工作到翌晨两三点钟，遇有重大问题，甚至熬到天亮日出。他"治业废寝忘食，故年甫五十，即发白体羸"。

张季鸾一贯轻财好施，乐于助人，而自己却保持着朴素的生活作风。

1926 年 4 月 24 日，著名记者邵飘萍被奉系军阀张作霖枪杀，张季鸾对其夫人祝文秀特别照顾，尽管他经济尚不宽裕，乃每月馈赠一百元，这笔钱数在当时来说是比较可观的。张季鸾是一个俭朴的人，毕生穿的是用粗布缝制的中式长袍。友人曾曰"季鸾先生，容易满足"，都从未见他因物质享受而稍有怨言。

1934年春，张季鸾初患肺病，医生嘱咐他长期休养，他"不忍恝置所业，仍以弱体支持本报笔政"。抗日战争爆发后，他知上海必将失陷，决定增出汉口版《大公报》，"以树立战时言论之中枢"。"八·一三事变"后4日，仅率两位同人，冒险离沪，"舟车毛驴，病不辍行，兼程抵汉"，终于同年9月18日创刊汉口版《大公报》，独立主持笔政。1938年冬，张季鸾赴重庆后，病情时发时愈，但仍往返渝港之间，指导两版言论，毫无休养之暇。1939年夏，张季鸾肺疾益剧，遂往南郊汪山静养，而仍念念不忘国事，"病愈入城工作，病发回山疗养"，如此恶性循环，严重损耗其瘦弱躯体。

1941年夏，张季鸾病情恶化，"病榻缠绵，犹不时指示本报之言论方针，明知有违医嘱静养之旨，而不能自已。及至病已不起，侍者不敢进报纸，犹不时以时局情况见询"，在弥留之际，言不及私，唯谆谆以"敬慎将事，努力弗懈"勉励报社同人。9月6日，张季鸾终因长期患病，操劳过度，在重庆病逝，时年54岁。9月26日，中国新闻学会、重庆各报联合委员会在嘉陵宾馆举行张季鸾公祭大会，中国共产党驻重庆办事处代表周恩来、董必武和邓颖超三同志也亲临吊奠。翌年9月6日，全国新闻界、陕西省各界在西安城南竹林寺基地举行张季鸾公葬仪式。

张季鸾逝世后，于右任先生首先发起设立季鸾新闻学奖学金，以表彰他对中国近代新闻事业所做出的杰出贡献。

1944 年，张季鸾的著述《季鸾文存》在重庆出版。

此外，张季鸾对书法研究也有很深的造诣，郭沫若称颂他的"魏晋体的毛笔字颇为典丽"①，绝非过誉之辞。

可以看出，张季鸾强烈的民族主义思想和正义感，反映了特定历史时期民族的呼声和人民的愿望，因而使他能站在人民方面猛烈抨击封建黑暗专制，无情揭露帝国主义的亡我之心。但他的阶级性决定，他对人民的革命事业也有不少错误言论，在他身上又充分体现了资产阶级对待人民革命事业的两面性和复杂性。

尽管如此，历史仍告诉我们，无论是谁，只要他为中华民族做过一些有益的事情，人民终究是不会忘记他们的。正因为这样，在张季鸾逝世后，毛泽东、吴玉章、林伯渠等同志致唁电："季鸾先生在历次参政会内坚持团结抗战，功在国家，惊闻逝世，悼念同深"；中共《新华日报》以《季鸾先生备极哀荣》的醒目标题报道公祭消息，周恩来、董必武和邓颖超三同志的唁电，有："季鸾先生，文坛巨擘，报界宗师。谋国之忠，立言之达，尤为士林所矜式。不意积劳成疾，遽归道山。音响已沉，切劘不再。天才限于中寿，痛悼何堪！"这些评价是至为公允的。

---

① 郭沫若：《洪波曲》，第 145 页。

# 学习季鸾先生

王文彬

  我为悼念季鸾先生，为便侪辈学习季鸾先生，谨就所知，略述数端。

  对国家大计，季鸾先生有一个最基本的立场，就是"国家至上，民族至上"。他认为国家民族的利益高于一切。所以在抗战前，他是一直主张国内团结统一。抗战以来，对于党派问题，他是绝对主张团结到底的，不过，他的公正主张与办法，在种种困难情形下，实无法全部发表。他对目前政治的希望是："政府必须善于尽责""整饬政纪，增进效率"。

  对世界大局，他是主张全世界反侵略各友邦联合起来，打倒企图瓜分世界的德、意、日三国同盟，以维护人类的自由与正义。

  在抗战前，敌国某著名日文杂志，仰慕季鸾先生的声誉，专函征文。季鸾先生用日文写成一文，对敌曾作忠告，我记得结论是："己所不欲，勿施于人。"（原文曾载于上海《大公报》）抗战开始后，季鸾先生的抗敌主张只有"胜利第一，军事第一"，"无时不以驱除暴敌恢复我国族之独立自由为目的"。

至于季鸾先生的做人方法，他对一般人以至国内外的同胞，都抱有热爱，他是以"广结善缘"为目标的。胡政之先生说得好："季鸾先生眼中无恶人。他同谁都好，他同谁都谈得来，而且一谈就谈成朋友。"因为季鸾先生爱朋友，所以朋友多，更因为季鸾先生乐意帮助朋友，所以朋友都觉得他好。

季鸾先生对新闻界非常谦逊，诚服于上海及沦陷区新闻同业的艰苦奋斗，誉其为第一等报人。在本年5月重庆新闻界庆祝本报获得密苏里奖章会中，季鸾先生并谓"抗战以来，足以代表中国报人忠爱国家，拥护正义的传统精神，而彰道德光辉于世界者，以上海报人为最"。老实说，中国报人的道德文章与服务精神，为国际新闻界、学术界注意，在国内受各界政府以及社会各界重视者，应推季鸾先生为第一人。新闻记者地位的提高，季鸾先生实有莫大的功绩。

《大公报》之有今日，由于全体同人之努力与社会各界之爱护，固属事实；但季鸾先生与政之、达铨两先生的合作，十五年如一日，实为一大原因。季鸾先生因为专心主持言论，所以对业务的改进，完全信托政之先生，绝不固执己见。季鸾先生对于高级同事，亦仅做原则的指示，绝不过细苛求；对于下级同事，尤处处表示特别爱护，令人铭感难忘。

季鸾先生对国家大计，报纸言论，确善尽了新闻记者的天职。4年前，蒋中正先生在祝贺季鸾先生五十岁生日的贺电中，曾有"文章报国，誉满天下"等语鼓励季鸾先生。可是季鸾对于他的家务，淡漠得很。他的家属分居沪、渝、陕各处，而他并没做较周到的照应，更未闻购置田产，

图作一家一己的享受。这种公而忘私的精神，值得吾人钦佩。

说到季鸾先生的做事，有数点值得提出：

（一）他能始终不离新闻事业岗位，忠贞努力于本职，不受利诱，不惧威迫，引起社会各方的重视。

（二）他记述新闻或评论时事，均能把握重点，就事论事。除对汉奸叛逆外，不以攻讦私人为目标。

（三）季鸾先生的生活，可以说"群众化"，他的交际范围，甚为广泛。他无时无刻不接近群众，站在群众的中间。所以他的知识，绝不限于书本，更不致受任何一方面的蒙蔽。所以立言纪事，能够切实中肯。

（四）他服务新闻界三十余年，虽始终居于领导地位，但在工作方面，他是内勤兼外勤。写社评、拍电报、通信、编稿，他样样都常参加。

（五）他与党国要人时有往来，所以，谁都相信他知道的国家大事很不少，但是人家问他的时候，他总是婉言谢绝，唯恐泄露国防秘密。

（六）他主持编辑部数十年，绝无夸大骄傲的习气，对于任何外来的稿件，均愿作善意的精选，绝不轻于排弃，致有遗珠之憾。

总之，季鸾先生对国家民族，对于新闻事业的贡献，真是不可估计。我们除努力学习先生的做人治事方法及服务精神外，别无最好的纪念之法。我与先生的最后一次谈话，是先生乘机过桂林在飞机场停留的半小时。不料桂林一别，竟成永诀！

1941 年 9 月 8 日

# 季鸾先生的精神

李侠文*

先生生平治事至勤，感人至深，成就至大。以儒家进德修业之道论之，先生实得力于诚敬二字。诚敬非易言也，朱熹云："凡人立身行己，应物接物，莫大乎诚敬。诚者何？不自欺，不安之谓也。不怠慢，不放荡之谓。"

刘安世《元城护道录》载："安世从温公学凡五年，得一语曰诚。安世谓其目。公喜曰：'此问甚善，当自不妄语入。'予初甚易之，及退而櫽栝日之所行，与凡所言，自相掣肘矛盾者多矣。力言七年而成。自此言行一致，表里相应，遇事坦然，常有余裕。"先生平日待人以诚，执事以敬。一生立言，可谓无虚伪语，口所谈为国事，心所在即为国家，每闻国内外传来一好消息，则眉飞色舞，欣欣相告；闻前方失一据点，则又默然寡欢，终日不发一语。前在渝为报上写通信，谈及各地丰收，

---

* 李侠文：现任香港《大公报》社副社长兼总编辑。

欢愉之情，跃然纸上。平日忙忙碌碌，无非关乎国家民族之大计，于右任氏所谓"处处忙人事，时时念国仇"者，实写实语。

当先生病笃之讯传来，同人相谓，先生万一不及见抗战之胜成，必难瞑目，盖先生爱国，确由真诚，所以生平言动，表里相应，不可以掩饰。故每执笔为文，亦必周密思虑。然后濡管，真情横溢，令人百读不厌，闭目一想，则先生谈笑风生，手挥目送之态，皆历历如在眼前。先生尝教人谓，社评写作，第一要不偏，第二要不滥，不偏则意旨平正，不滥则文字清晰。陈布雷氏谈先生早年为文，"眼光四射，论旨周匝，从不做谩骂之文，亦无敷衍之作"。其所以致此者，盖有所由。

先生尝撰文勉新闻界青年，大意谓新闻记者应存大我，而忘小我；忘小我始能不慕虚荣，始能不避权贵而主持公道。《大公报》社评向不署名，亦欲避名就实云云。由此可见先生诚敬精神之一斑。刘蕺山谓："古人一言一动，凡可信之当时，传之后世者，莫不有一段真至精神在内，此一段精神所谓诚也。唯诚故能建立，故足不朽。稍涉名心，便是虚伪，便是不诚，不诚则无一物，何从生出事业来？"此言证以先生生平之言行，而益信焉。

先生生平待人，尤能出之一片真诚。对同事爱护周至，视如家人，虽弥留遗嘱，犹以同人健康为念。先生生平绝不轻易批评别人，闻别人品评，亦劝以对人勿存成见。不以求全取人，不以己长格物，见人有好处，从不吝惜奖勉，亦从不问报酬。对青年后进不问识与不识，诱掖引导，唯恐不及。

在港时，有热心报业之青年记者，组织通讯社，向各报寄稿，以人力财力微弱，不为人所注意，为文自发牢骚，先生一日偶见之，即嘱同事注意，纵来稿文字幼稚，不妨多予润饰，尽量录取，免使青年挫折灰心，其待人真诚，往往如此。

忆数月前，朱子桥氏死，渝中举行公祭，公谥朱氏为惠勤先生，先生祭后，撰文纪念，于惠勤二字中，追想朱氏之一生。吾人今亦将于诚敬二字中，以悼先生乎？

先生尝发愿将来著一书，述其三十年来之记者生活，今此愿已不可偿。先生自幼年治学，投身报界，赞助革命，以至近年靖献中枢抗战大计，以及毕生主持笔政，立功立德立言，名动中外，一生事迹，尽可千秋，吾儒后学，未知其一二，即自见耳闻身受者，于悲悼之余，亦莫能忆其一二；况先生学问道德，如高山大川，未易探其峰颠窥其涯岸也。唯景慕向往之余，默体先生曰诚曰敬之精神，籍窥其造就之所秉承，亦知所共勉矣。

敬挽先生曰：


千载事功，曰诚曰敬；
一生心血，为国为民。


1941 年 9 月 9 日晚

宁鸣而死，不默而生

# 季鸾先生的风格与文境

王芸生[*]

　　无疑问的，季鸾先生是一个成功的新闻记者，且已成为新闻记者的一个典型。季鸾先生的优秀之点，是多方面的。无论深交浅识，凡是与他相识的，都会感觉他是一个与众不同的人，但毕竟他的优秀之点在哪里，则每个人所能讲出的或许各有不同。我与季鸾先生相识十四年，同事十二年，高攀些说，可算得"平生风义兼师友"；但我自忖，还不够给季鸾先生写评传的资格，因为我所认识的季鸾先生还仅仅是他的人格与事业的一部分。因此之故，我今天写这篇怀念式的文章，只想就他的风格与文境方面做些举一反三的描绘。

　　季鸾先生的风格，主要的特征是愉快健谈而有人缘。凡他所在之处，一定送往迎来，会客不绝；凡他所到之处，无论男女老少，都喜欢与他厮混，

---

　　* 王芸生：天津人，著名记者，曾任上海版《大公报》总编辑，是继张季鸾之后的《大公报》言论的主要负责人。

无论是正经大道理，或是说笑玩闹，都必为他所吸引。俗语"语言无味，面目可憎"，骂尽天下的伧俗人，而季鸾先生的风格恰恰与这八个字相反。

他讲话，无论是讲道德说仁义，或说笑话，皆是意味隽永，不讨人厌；他那副永远笑容可掬的面孔，那种永远愉快高兴的神情，具有极大的魔力。虽到晚年已霜发盈巅，咳嗽不休，而大姑娘、小媳妇们还是喜欢张先生。

大约是民国二十二年的春天吧，一个中午，与胡适之先生一同吃小馆子，季鸾先生批评适之先生，说："适之先生好比龙井茶，总是那么清新。"胡适之先生的朋友们或许同有此会心的品评，但我品评季鸾先生，他好比新泡的龙井茶，清新之外还有热。记得吴达铨先生曾经赠给季鸾先生一首诗，前四句我记得最清楚，是"深交孰能忘其厚，久交孰能忘其旧；我何与君两忘之？日见百回如新靓"！这"日见百回如新靓"七个字，恰恰描写出季鸾先生的风格。人与人相交，最重第一次印象。但大多数人给人一个第一次印象之后，以后很少再有新印象，久而久之，就令人感觉不过如此，无啥稀奇；但季鸾先生却随时给人以新印象，永远觉得他是一个崭新的人。

"掩映多姿"四个字，是品评美人的，而季鸾先生可谓"多姿"，这所谓"多姿"，并不限于仪态，还有其内在的灵魂。有一次王芸生先生对我说："我每次见季老，与他谈话，必能得到新的启发。每次都觉得不白见他。"这几句话，又可见到季鸾先生风格的另一面。

谈到季鸾先生给人以新启发，我应该是感觉较为真切的一个人。我愿就这一方面，略谈一些经验，兼以触及季鸾先生的文境。

以我的经验，印证季鸾先生的文境，我觉得极难得的，是他具有一

副永远清新的头脑，活泼绵密而极得要领的思路，更有高人一筹的见解；至于学识经验与文字技术，尚不在话下。

报馆迁到重庆后，季鸾先生因健康的关系，已不经常执笔，但他的指导与启示，却是异常可珍的。忆1939年8月苏德互不侵犯协定成立，是欧局剧变的一个先声，我当时避免正面的批评，连写《日本外交破产了！》《弃妇怨》及《平沼内阁倒了！》几篇社评，以奚落日本。但到九月十七日苏军开入波兰，我实在想不出一种说法，以打破头脑里的闷葫芦。深夜得中宣部指示："暂时不得评论。"我乐得遵命。我为想这问题，一夜不曾好睡，转天续想，依然抽不出思绪来。下午我去与芃生先生研究，他也没有一个好看法。那时季鸾先生经常住在南岸汪山康心之先生家中，偶尔进城，则住芃生兄处。9月天气，重庆还相当地热，我与芸兄对坐院中树荫下闷闷无言，忽见季鸾先生以草帽代扇冉冉而来，见面就说："你们两个为什么发闷？是不是在想苏联与波兰的问题？""是啊！我们实在想不出一个好说法。""我想通了！请问波兰待中国有什么好处？它专门与中国捣蛋，我们为什么要同情它？芸生！你今天就写这篇文章，专骂波兰。骂它不忠、不智、不义。波兰托庇于国联，而不忠于国联，波兰靠凡尔赛条约维持，而不忠于条约，是不忠。它不辨敌友，是不智。希特勒已鲸吞捷克，东欧已危，波兰还趁火打劫占领特申区，是不义。柏克的外交，一贯的骑墙投机，还不该获得拙劣的结果吗？这件事，对中国并无害，于日本也无利。"经他这一番兴奋而带煽动性的说话，我与芸兄不由得都兴奋起来，而笑逐颜开。我回到报馆把季鸾先生的议论说给谷冰兄听，他也很兴奋地说："毕竟张先生的见解高人一筹，棋高一着。"那天晚上我就写了那篇相当受人重视的题为《苏联、波兰、欧战与远东》的社评。

忆民国三十年四月间敌军攻扰浙闽沿海,以五日的时间,连陷绍兴、宁波、温州,以迄福州等要邑。我当时写了一篇社评,题为《敌军在浙闽沿海的活动》,说明(一)这沿海之地不易坚守,其失陷与抗战大局所关甚微。(二)浙闽沿海一带距离中国台湾及日本本土较近,宜于作潜水艇根据地,敌人攻占此等地点,是发动南进的准备。文章发表之日,季鸾先生下山了,见面第一句话:"芸生!今天的文章失败了。""怎么?""你讲的话都对,但忘记了给文章打个基础,所以站不住。我问你!假如你是浙闽两省的人,敌军不崇朝陷两省千里要地,几千万同胞陷于水深火热的奴隶地狱,有人却说这些地方与抗战大局无甚关系,不妨放弃。你将做何感想?"我心中感到惭疚,无话可答。季鸾先生说:"赶快再写一篇文章挽救,补上这个漏洞。"

我于是又写了一篇《再论闽战沿海军事》:补说两点:(一)敌人南进并不等于减轻侵华,他为了要南进,更要加紧侵华。(二)沿海地区,我军虽不宜固守,但是军人守土有责,绝不能任敌轻轻占领并安然摆布之。军队不可撤离太远,宜留驻附近,相机反攻。大约一个月后,我接到一位金华同业来函,果然以浙江人的立场,责备我那篇社评为失言。

当季鸾先生养疴汪山的时候,我大概每月至少选择两个星期六上山去看望他,到转天下午回馆。在山上吃喝谈聊,于我也是一种享受,而在上下古今无所不谈的谈天中,更获得不少文思。当时在花树下、草坪上,谈天说地,下得山来,回想所谈,总可在季鸾先生的谈资中发现几篇文

章的题材。

我无意中获得他的启示，真是记不胜记。至于正面的指示，更是问劲有力。除前述几例外，忆三十年八月中旬正是敌机从事"疲劳轰炸"的时候，我上山去看季鸾先生，那时他的病势已沉重危殆，相顾戚然。谈到敌机的轰炸，季鸾先生说："芸生，你尽管唉声叹气有什么用？我们应该想一个说法去打击敌人！"我无精打采地说："敌机来了毫无抵抗，我们怎么可以用空言安慰国人打击敌人呢？"季鸾先生忽地拥被坐起，很兴奋地说："今天就写文章，题目叫《我们在割稻子》。就说，在最近的十天晴明而敌机连连来袭之际，我们的农人，在万里田畴间，割下了黄金之稻！敌机尽管卖大力气，也只能威胁我们的少数城市，并不能奈何我广大的农村。况且我少数城市所受的物质损害，较之广大农村的割稻收获，数字悬殊，何啻霄壤？让你来看我们割稻子！抗战到今天，割稻子是我们的第一等大事，有了粮食，就能斗！"那天是 8 月 18 日，距他逝世不过三个星期，在他发烧喘汗之际，而仍忧国恨敌，运用活泼的脑力，给我这个新鲜活人启开了死脑筋。在当时，我真是钦佩感动，几至泣下。待他躺下身子之后，又对我说："芸生，你可筹备一篇提倡水利的文章。"接着很有力而高声地说，"要打倒这亡国的粮价！"只这一句话的指示，就决定了文章的内容与高潮，真是得要领极了。

这是季鸾先生与我谈文章的最后一次，所以特别值得想念！那天我回馆就写了《我们在割稻子！》的社评。至于提倡水利的文章，其后于工程师学会在贵阳举行年会的机会，我转托昭恺兄写了一篇社评。

我只举这几个例，以证季鸾先生的文境。至于他的文章造诣与技术，

88

凡读过他的文章的人一定能自品评。在表现的技巧上，他曾对我讲过两
点秘诀，就是：以锋利之笔，写忠厚之文；以钝拙之笔，写尖锐之文。
我懂得他的奥妙，但自己还不曾完全学会，故不举例。

（原载于 1946 年 9 月 6 日上海版《大公报》，节选）

# 张季鸾先生回榆记事

史书博　张紫垣

1934 年秋，张季鸾先生为纪念其父楚林公冥诞一百年，其母王氏忌辰三十周年，全家专程自天津回籍谒墓、立碑。

10 月 10 日，张季鸾先生回到阔别二十六年的故乡——榆林。当行至距县城二十里的三岔湾，榆林驻军八十六师师长井岳秀等恭候迎接，并亲自牵马坠镫，扶张上马。入城后，井又为张季鸾先生洗尘，送来酒席及银帑二百元，张只收酒席，谢绝银帑。

10 月 12 日，张季鸾先生在东山戴兴寺设位致祭，寺中挂满了海内外各界知人士的挽联、挽幛等数百件，全城亲友与各校学生参加行礼，如此三日。纪念日既过，全家谒墓，准备立碑。该碑墓表由国学大师章太炎先生撰文并篆额，国民党元老、飞书法大师于右任先生挥毫，苏州集宝斋石刻坊著名工匠精刻而成，被誉称为"三绝碑"。

在榆期间，张季鸾先生应榆林中学邀请，为青年学生发表演讲，并与商学界友人发起一奖学基金，自己首先捐银五百元，赞助贫寒学生。离榆时，井岳秀送张季鸾先生路费三百元，又被谢绝。另以其姜张凤仪（张季鸾先生的族侄女）的名义赠送狐裘大衣二件，才收一件。

张季鸾先生在榆林居住一个半月，即辞别故乡，取道太原、西安，回天津《大公报》社任事。之后，张季鸾先生因公务缠身，再未回过榆林。谁料到此次归乡竟成为永诀。

# 张季鸾先生关心家乡人民的疾苦

尤仙航[*]

　　张先生一生，以民族、人民利益为重，不仅劳碌于国事，疾呼于报端，而且对家乡陕北人民的灾难，亦深同情，竭力解救。20 世纪 30 年代初，恶性疫病，鸦片烟毒在全国蔓延，陕北鼠疫蔓延尤甚，群众死亡者日多，张先生在《大公报》上大声疾呼，引起了全国人民的极大关注。1931 年，我们在北平学习和从业的陕北同乡组织了一个"旅平陕北鼠疫救济会"，同年 10 月，该会上书南京政府卫生署，呼吁消灭鼠疫。呈文历时多日，杳无音信，我去天津请示张先生，他立即给南京监察院院长于右任挂长途电话，请于院长在南京政务会上催促解决。果然不出两日，南京卫生署派出中央防疫队赴陕北防疫。

　　1931 年秋季，陕北军阀、八十六师师长井岳秀因事赴南京，路过北平。"旅平陕北鼠疫救济会"的同乡闻知后，立即派代表到其住宅求见，

　　* 　尤仙航：陕西榆林人，原榆林医院院长，榆林市政协副主席。

其拒不接见，派其他人代见。代表们怒火冲天，态度强硬，非要见井不可。井不得已只得接见。代表们首先请他于翌日十二时在中山公园参加"欢迎大会"（实际是质问大会、谴责大会）。他见群情激愤，不敢推辞。当时被邀请的，还有张季鸾、高桂滋（军长，曾给陕北鼠疫救济会捐款）、在平防疫名人陈宗贤、医界硕学徐诵明，以及在平住家的陕北老前辈等。"欢迎大会"上，旅平各界人士首先向井岳秀提出："陕北旱灾未已，而鼠疫又继之发生，父老兄弟毙于鼠疫者日益增多，你对此问题看怎么办？"井答复说："先拟一，防疫意见书，待回陕北后研究解决。"当场，众推我拟一防疫草案，我义不容辞，立即答应。张季鸾先生指示我们"陕北防疫耗资甚多，疫病仍未扑灭，需要发动群众、灌输防疫知识，让群众自己起来与疫病做斗争，才能起有效作用，这才是根本解决办法"，并对我说，"地方情况复杂，硬干要碰钉子"。同年，在张先生主持下，《大公报》发表了《鼠疫预防知识》，并义务代印一万多册单行本，邮寄陕北各县及农村，供大力宣传用。1932 年 1 月 20 日，经陕北鼠疫救济会同意，我提出的《组织陕北鼠疫防疫处意见》一文在陕北《上郡日报》刊登，引起全陕人民的同情支持。同年，我应地方当局邀请，回陕协助防疫。我在陕北重点疫区调查鼠疫流行传染来源，大力灌输防疫知识，发动群众与疫病做斗争，约有半年。陕北鼠疫逐渐缓减，这虽属个人防疫实践，更重要的是与张先生指示的防疫原则分不开的。

嗣后，省政府因我搞陕北鼠疫防治有成绩，政务会议通过予以奖励。根据我的请求，派我官费赴日本深造。赴日途中，路经天津，闻知张

先生患右肺结核，住入德美医院治疗。当时蒋介石送一万元，高桂滋送五千元做医疗费，张先生均婉言谢绝。1934年，张先生回榆扫墓，并调查陕北灾难情况，了解到陕北天灾人祸，民不聊生，鼠疫蔓延，地方当局只知取之于民，用之于己，不顾人民痛苦；大量种植鸦片，按亩摊税，毒害人民；更有甚者，白地摊款，敲诈勒索，百姓敢怒而不敢言。官逼民反，自在意中。张先生后来回天津，将陕北鸦片毒祸情况刊登于《大公报》，引起全国人民的公愤。此期间，我在日本节译京都帝国大学医学部教授、法医学博士小南又一郎所著《鸦片祸及其防卫》一文，投送天津《大公报》。此文对吸食鸦片及靠鸦片发财的官僚军阀、豪绅，极有针对性。张先生阅后没有考虑当时军政当权派的反对，予以登载。

先生在民族危亡的关键时刻，奋力于团结抗战，对同侪后辈亦极其关心。"七七事变"后，我从日本回到上海，打两次电话到报社，无人回话，后请传达转告张先生，请先生接见，瞬时回话叫我晚九时来。谒见时，张先生嘱我"不要到平、津工作，日寇兵力强大，宋哲元驻守军可能要退出平津防线。应速回陕西参加西北民族统一战线工作"。同时谈及陕西水利专家李仪祉久病不愈，嘱我回陕看望检查。我回西安后，遵嘱参加了对李仪祉先生的会诊，做出"肿瘤肝转移"诊断，未几，李先生与世长辞。

张先生一生忧国忧民，廉洁清正，两袖清风，不置私产。过世后他的独生子的一切费用，都由《大公报》社承担。张先生辞世的半个世纪以来，经过共产党领导中国人民的英勇斗争和艰苦努力，我国已发生翻天覆地的变化。热爱民族与国家的一代报人张季鸾先生在九泉之下如能有知，当应至感欣慰。先生的爱国爱民之情、正义清廉之气、勤奋刻苦之行，当为后人之楷模。

# 与邵飘萍的情深谊长

牛　济

　　张季鸾与邵飘萍是中国近代著名的两位报人，他们不但在旧中国的报坛上享有一定的声誉，而且在中国近代新闻史上也占有极其重要的地位。北洋军阀统治时期，这两位报人就保持着不寻常的友谊。反对袁世凯及其走狗所推行的独裁专制斗争，以及献身新闻事业的精神，成为联系他们之间友谊的纽带。

　　袁世凯窃取辛亥革命胜利成果后，中国社会进入了北洋军阀统治时期。袁世凯肆无忌惮地实行专制独裁，经常用金钱收买愿为他效劳的报刊，用武力封闭反对他的报馆，逮捕以至杀害反对他的报人，所谓"癸丑报灾"，就是袁世凯禁锢言论出版自由的最黑暗、最反动的统治时期的真实写照。

　　1931年年初，张季鸾和曹成甫北上，创办北京《民立报》，张同时兼于右任经营的上海《民立报》驻京记者，开始了同袁世凯的斗争。

　　3月20日，袁世凯主使其党羽在上海火车站暗杀资产阶级民主革命家、国民党代理理事长宋教仁，全国舆论哗然。张季鸾即在北京《民立报》上，"为宋案慷慨执言，利动而威怵之者，举不为之移易"。他痛诋袁世凯之流的凶蛮暴行，袁世凯对他恨之入骨。

为了发动反革命内战，积极筹措庞大的战争经费，以便对南方诸省革命党人进行全面武力镇压。袁世凯未经国会同意，擅自指派国务总理赵秉钧偕同陆征祥、周学熙赴东交民巷汇丰银行，与英、法、德、日、俄五国银行团签订出卖中国主权的《善后借款合同》。这项"合同"，以中国的盐税等作为抵押和担保，是历届政府向外国银行举借的最大一笔外债。张季鸾以极其敏感的政治嗅觉采访到这个"合同"的全文后，立即在上海《民立报》的通讯报道中，披露了"这一肮脏交易"，结果在国内引起一场轩然大波，成为"二次革命"的一个导火索。因此，北京《民立报》被袁世凯查封，张季鸾本人也遭逮捕，囚禁于军政执处监狱达三个月之久，"几遭不测"，后经好友康心孚等人多方周旋营救，"于是年双十节之翌日，恢复自由，相偕南归"，著有《铁窗百日记》，以志其事。

其时，邵飘萍应《汉民日报》社长杭辛斋之聘，任《汉民日报》主编。他撰写大量评论，揭露和抨击袁世凯对内破坏民主，对外实行大拍卖、大借款等罪行。袁世凯遂以参加"二次革命"嫌疑为借口，将邵飘萍下狱，《汉民日报》亦遭查封。翌年，邵飘萍获释，东渡日本攻读。之后，国内反袁声势高涨，邵飘萍又应邀返回上海，主持《时事新报》笔政，并为《申报》《时报》等撰稿。他以"阿平"笔名，常在报端著文讥讽袁世凯，在全国舆论界颇有影响。

1916 年，袁世凯死后，邵飘萍被《申报》聘为驻京特派记者，撰写

《北京特别通讯》。1918年7月，他又创办当时北方最有影响的通讯社"北京新闻编译社"，笔锋直指段祺瑞政府。

此时，张季鸾也来到北京，担任上海《新闻报》驻京记者。同时，被聘任《中华新报》总编辑。1918年9月24日，《中华新报》《晨钟报》《国民公报》《大中报》《经世报》《大中华日报》《民强报》《亚陆报》及"北京新闻交通社"等八家报纸和一家通讯社，因揭露段祺瑞政府与日本订立满蒙五路大借款合同的消息，被京师警察厅以"破坏邦交，扰乱秩序，颠覆政府"罪名予以查封，张季鸾再陷缧绁，后经营救获释。但《中华新报》未复刊。张季鸾又返回上海。

10月5日，邵飘萍在北京珠巢街创办《京报》。1919年，五四运动爆发。邵飘萍积极投入这场反帝爱国斗争的激流，猛烈抨击曹汝霖、陆宗舆、章宗祥等卖国罪行，因而触怒了段祺瑞政府，《京报》被查封，邵飘萍乃走避上海。

张季鸾回上海后，出任《中华新报》总编辑。适逢大阪《朝日新闻》聘请他赴日本工作，这对于当时的报人来说，是一个难得的机会和殊荣。张季鸾为了保护邵飘萍免遭段祺瑞政府迫害，毅然决定将去《朝日新闻》的工作机会让给了后者，并向《朝日新闻》作了推荐，这种精神在当时来说，确实是难能可贵的。不久，邵飘萍即只身前往日本，担任该报的特约记者。嗣后，张季鸾又帮助邵飘萍的夫人祝文秀，自上海乘日本人的海轮抵达大阪，使得他们夫妻得以团聚。

1920年下半年，段祺瑞政府垮台，邵飘萍返回北京，在他主持下《京报》又复刊了。由于他坚持反帝反军阀的立场，北洋军阀对他恨之入骨，

1926 年 4 月底被奉系军阀张作霖杀害，时年仅四十二岁。

邵飘萍遇害时，张季鸾刚由上海流落天津，经济上也相当拮据，但他对祝文秀和她的母亲仍慨然相助，将她们母女俩由北京接往天津。自1926 年至 1929 年，祝氏母女在天津先后居住达三年之久，张季鸾每月馈赠生活费一百元，每星期必请她们吃一次饭，还经常送票，让她们看戏散心。在此期间，每逢邵飘萍的忌辰，张季鸾都要赴祝文秀的寓所表示慰问，并亲撰祭文，在邵飘萍的遗像前一边流泪，一边朗读，然后焚化，以为祭奠。

可见，张季鸾与邵飘萍之间的友谊绝非寻常可比，同时，也反映出张季鸾仗义豪爽、乐于助人的性格。

张季鸾与邵飘萍之间的深厚友谊，不仅因为他们有相似的遭遇和气质，更重要的是他们都热爱新闻事业，又有着相近的办报指导思想，都具有特别敏锐的"新闻感觉"，但是，他们又各有所长。

邵飘萍擅长采访内幕新闻、独家新闻，并将采访指导思想和精湛的采访技巧巧妙地融为一体，其笔锋犀利，分析透辟，对恶势力的斗争，态度尤为明朗，言辞尤为激烈，因此而名噪一时。张季鸾对他极为赞赏，指出："飘萍每遇内政外交之大事，感觉最早，而采访必工。北京大官本恶见新闻记者，飘萍独能使之不得不见，见且不得不谈，旁敲侧击，数语已得要领。其有干时忌者，或婉曲披露，或直言攻讦，官僚无如之何也。自官僚渐识飘萍，遂亦渐重视报纸，飘萍声誉，以是日隆。"

而张季鸾则以新闻评论当行出色著称，"其为文如昌黎，如新会，无僻典，无奥义，以理胜，以诚胜，故感人深而影响远"。他见多识广，

勤于研究新问题，在认真办报，改变文风方面，后来则有更大的建树。邵飘萍曾论及："张季鸾君主持上海《中华新报》，立论公正，文笔犀利"，其"头脑极为明晰，评论亦多中肯，勤勤恳恳，忠于其职，不失为贤明之记者，且身殊少党派之偏见"。这种评价是公允的。张季鸾后来苦心经营《大公报》十五年，其社评光大发扬，又有新的重大突破，达到炉火纯青的程度。《大公报》因之成为中国唯一荣获美国密苏里大学新闻学奖金的报纸，赢得了国际新闻界的极大关注，而张季鸾则成为"报界一代宗师"。

显而易见，张季鸾与邵飘萍之间的友谊情深意长，绝非偶然。国家和民族的命运以及献身新闻事业的可贵精神，正是他们这种友谊植根的基础。

# 与莫逆之交于右任

牛　济

　　三秦大地，物华天宝，人杰地灵。几千年的历史长河中相继涌现出一大批风云人物，为这块古老的土地增添了绚丽的光彩，而其中张季鸾与于右任就是陕西近代史上杰出的代表。

　　张季鸾与于右任同出关学大师刘古愚先生门下，都是他晚年的得意弟子。他们又先后就读于三原宏道学堂，因此，他们之间的友谊源远流长。三十多年的交情，经受了风风雨雨的考验，他们是患难知己、莫逆之交。

　　1910 年 10 月 11 日，于右任在上海创办《民立报》。该报是领导长江流域革命活动的中国同盟会中部总会的机关报，《民立报》社实际上也成了革命党人在上海的一个重要联络策动机关。时张季鸾在日本也积极为《民立报》撰稿。1911 年 10 月 10 日，武昌起义爆发，正式揭开了辛亥革命的帷幕。未几，张季鸾自日本归国，欣然接受于右任的邀请，任上海《民立报》记者，为于右任之臂助，投身于民主革命的激流之中。

嗣后，于右任曾追忆这一段不平凡的往事，"先生初助余办《民立报》，英思卓识，天宇开张"。在于右任的影响和启迪下，张季鸾在新闻界开始锋颖而出，逐渐显露头脚。

1912 年 1 月 1 日，孙中山先生在南京宣布中华民国成立，并就任中华民国临时大总统。张季鸾由于右任推荐，担任总统府孙中山先生的秘书，亲自参与了《临时大总统就职宣言》等重要文献的起草工作。

同日，张季鸾从南京发给上海《民立报》关于中华民国临时政府成立及孙中山先生就任临时大总统的专电，是中华民国成立后的第一条新闻专电，"中国报纸之自有新闻电，确以季鸾先生一电为嚆矢"。这是张季鸾对于中国新闻报刊事业具有开拓性的贡献。

3 月 10 日，袁世凯在北京就任临时大总统，窃取辛亥革命成果，北洋军阀反动统治正式开始。

4 月 1 日，孙中山先生正式向临时参议院辞职。张季鸾也遂即结束了他一生中极为短暂的政界生涯，回到上海，与于右任等人筹办"上海民立图书公司"。

1913 年年初，张季鸾和曹成甫北上，创办北京《民立报》，张同时兼任于右任经营的上海《民立报》驻京记者，开始了同袁世凯之流的斗争。

3 月 20 日，于右任在上海火车站为国民党代理理事长宋教仁北上送行。由于宋教仁企图成立政党责任内阁制，以制约袁世凯。袁即指使其党羽暗杀宋教仁，决心用反革命的铁血手段扑灭民主革命势力，是谓"宋案"。宋遇刺，于右任哭之甚痛，由他主办的上海《民立报》每天都用要闻版的整版篇幅披露"宋案"的真相，指明袁世凯就是刺宋的元凶。

时张季鸾与于右任也南北遥相呼应，其表现更为英勇。他以鲜明的革命派旗帜，在北京《民立报》上，痛诋袁世凯的反革命野蛮暴行，因此袁世凯对他恨之入骨，北京《民立报》被查封，张季鸾本人也遭到无理逮捕，囚禁于军政执法处达三个月之久。后经于右任、康心孚等人多方周旋营救，"于是年双十节之翌日，恢复自由"，著有《铁窗百日记》，以志其事。

1938 年，于右任在汉口因念旧事，置酒为祝"季鸾弟癸丑十月十一日在北京出狱二十五年纪念"，作双调折桂令曲，云：

> 危哉季子当年！洒泪桃源，不避艰难。恬淡文人，穷光记者，
> 呕出心肝。吊民立余香馥郁，说袁家黑狱辛酸。到于今大战方酣，
> 大笔增投。廿五周同君在此，纪念今天，庆祝明天。

在这曲词中，于右任淋漓尽致地勾勒出了张季鸾持正不阿、不为权利胁诱所动的大无畏精神。

1913 年 9 月，国民党以武力讨袁的"二次革命"失败，上海《民立报》亦被迫停刊，于右任乃东走日本，从此结束了他一生中的报坛生涯，但他与张季鸾的交往和友谊仍极为密切深厚。

1937 年 3 月 20 日，张季鸾五十岁寿辰时，在上海新新酒楼举行祝寿会，于右任手书寿诗，（即《寿张季鸾》），贻赠，诗云：

> 榆林张季子，五十更风流。
> 处处忙人事，时时念国仇。

*新声翻法曲，大笔卫神州。*

*君莫论民立，同人尽白头。*

于右任对张季鸾在民主主义革命时期中的历史功绩以及他忘我无私的奋斗精神，给予高度的评价和赞誉。

1941年5月15日，美国米苏里大学新闻学院将1940年度全世界最优报纸荣誉奖章赠予《大公报》，并在美国举行颁奖典礼。这是赠给中国报界的第一次奖励。同日，中国新闻学会和重庆各报联合委员会在重庆举行盛大的庆祝会。张季鸾代表《大公报》社同人发表演说，并郑重致谢。于右任也到会祝贺，在致辞中，他说："《大公报》积多年努力，始得言重于世界。中国报在世界上有了主动地位了！这个开山的日子来了！自由与独立的日子也快要来了！"并称道主办人之苦斗精神，还以"养天地正气，法古今完人"句，勉励全体报界。是日，于右任在重庆版《大公报》发表《荣誉之大公报》一文，盛赞《大公报》取得的丰硕成果。

9月6日，张季鸾病逝于重庆。弥留之际，他口授遗嘱，于右任即为当时在场的首席证明人。由此可见，张季鸾与于右任之间的关系绝非寻常可比。翌日，于右任又在重庆版《大公报》发表《悼张季鸾先生》一文，沉痛悼念张季鸾，高度赞扬张季鸾一生的丰功伟绩，指出："先生积三十年之奋斗，对国家有大贡献，对时代有大影响，其言论地位，在国家，在世界，并皆崇高。"

9月17日，于右任等首倡发起筹集"季鸾新闻学奖学基金"，以表彰张季鸾对中国近代新闻事业所做出的杰出贡献。

张季鸾逝世后，全国新闻界倡议公葬于陪都重庆，后因张季鸾家属及陕西省各界以归葬故乡为请，遂共议改在西安公葬，并组成全国新闻界、陕西省各界公葬张季鸾先生筹备委员会，推于右任遥领主任委员。

1942年4月16日，全国新闻界在重庆举行隆重的公祭张季鸾仪式。于右任等亲往李子坝照料，将张季鸾的灵柩装上包好的汽车，然后又到金刚坡审计部门口举行路祭，于右任特赠祭文，云：

"唯中华民国三十一年四月十六日，张季鸾先生灵柩归陕，过金刚坡，监察院审计部门同人等谨以鲜花清酒，致祭于灵前曰：先生之名，中外宣扬。先生之行，国府表章。先生之嗣，蔚然光昌。先生之柩，安返故乡。先生有灵，来格来享。"

路祭既毕，张季鸾的夫人陈孝侠携带着孤子张士基挥泪与送行者告别，张季鸾灵柩即离渝奉移归陕。

9月6日，也就是张季鸾逝世一周年忌辰，全国新闻界、陕西省各界公葬张季鸾先生筹备委员会在西安南郊竹林寺举行公葬张季鸾典礼。

1944年，张季鸾的著述《季鸾文存》在重庆出版，于右任特为该书题写书名，表达了他对张季鸾的思念和敬仰之情。

1957年9月，陈纪滢所著《报人张季鸾》一书出版，于右任即兴赋诗，云：

为报榆林张季子，飘零遗稿竟编成。

于髯今日还诗债，怅望中原有哭声。

痛心莫论大公报，民立余馨更可思。

发愿终身作记者，春风吹动岁寒枝。

诗中寄托了于右任对老友张季鸾的深切怀念，热情讴歌张季鸾终身矢志新闻报刊事业的高贵精神以及他对中国近代新闻报刊事业的卓越贡献。

综上所述，张季鸾与于右任之间的友谊是诚挚的，也是经得起时代风雨考验的，许多事实已经雄辩地证明了这一点。

# 忆我的姑父张季鸾二三事

高　集

今年 6 月 17 日，是《大公报》创刊 100 周年纪念日。1940 年至 1949 年，我曾在《大公报》工作，历任记者、采访主任、驻南京办事处副主任等职务。

我的姑父是新记《大公报》的创始人之一、总主笔张季鸾。小时候，在姑父家住过，对他有些模糊的印象。20 岁参加工作，就进入了《大公报》。我在《大公报》开始记者生涯的最初一两年，正是这位"文坛巨擘，报界宗师"（周恩来语）生命旅程的最后一两年。在这段时间里，我和姑父的直接接触并不多，但身在大公报，耳濡目染，对姑父的办报理念和办报风格也略知一二。姑父这个人，一生除了嗜好昆曲以外，实在没有什么其他兴趣爱好。他的心思全在办报上，只有办报，才是他人生的最大抱负和最大乐趣。而我和姑父的几次接触，都对我的生活道路产生了极为重要的影响。

# 张高联姻门当户对

我 1920 年出生于陕西榆林。我们高家在榆林是大户，我的祖父弟兄五个，他最小，也最有出息，是清末的进士，在福建当过县令。榆林还有一个大户，姓张，和我祖父一辈的有个叫张翘轩的，也是进士出身，在山东当过县令。榆林大概就有两家进士及第，宅门前都竖了旗杆的，两家有通好之谊。

我祖父弟兄五人共有三十个孩子，十八个男孩，十二个女孩，我父亲高月轩，在男孩里排行十四。我有个姑妈，叫高芸轩，在女孩里排行第九。由于门当户对，我姑妈从小就许配给张翘轩的小儿子，也就是后来鼎鼎大名的张季鸾。张季鸾和我姑妈 1908 年成婚，是专门从留学地日本回来成婚的。两人婚后关系很融洽，姑父出远门，还要和姑妈拥吻告别，这事在家乡传为奇谈。我的姑妈是姑父的第一位太太。但因为她不能生育，后来又染上了抽大烟的毛病，两人的关系逐渐疏远。姑父又娶过两房太太，到了 50 岁，第三位太太才生了一个儿子，就是士基弟。我的姑妈 1931 年去世，姑父为她办了三天丧仪，备极哀荣。

说起这件事，我要纠正一下徐铸成先生在《报人张季鸾先生传》中的一个说法。在那本书里，徐先生两次提到姑父的婚姻。一处说，"1908 年，张曾短期回国，主要是王太夫人（笔者按：指姑父的母亲）生前曾为儿子订了一门亲，女家催迫甚亟。他回家完了'终身大事'后……不到二个月，就别了新婚的李夫人和亲友，启程再次东渡。"另一处说，"季鸾先生先有李夫人，后在沪主持《中华新报》时娶王夫人。1935年娶陈夫人筱霞女士，生了张先生唯一的儿子士基。"徐先生把姑父的第一位夫人说成姓李，第二个夫人说成姓王，都搞错了。其实，姑父的第二个夫人姓范，是家里的实权派，我们小时候也叫她姑妈的。

1926年9月，姑父和老朋友胡政之、吴鼎昌一起接手已停刊九个多月的天津《大公报》。那时，我父亲也在天津，当税务局的一个小科长。1928年，我八岁时，离开老家，随母亲迁居天津。在老家时，常听我母亲讲起我的姑妈、姑父，说姑妈是大家闺秀，长得很漂亮，熟读《红楼梦》，对红楼故事滚瓜烂熟。姑父国学底子很深，以后留学东洋，学贯中西，写文章下笔千言，倚马可待，还让我好好学习姑父。我对姑父自然十分景慕。

到了天津，在日租界四面钟姑父家暂住一段。记得第一天到了姑妈家，姑妈就反复告诉我们，不要大声吵闹，姑父有病，晚上还要做夜班，白天要睡觉。吓得我和哥哥不敢作声，干脆溜到外面去玩。第二天见到姑父，果然是一个瘦弱文雅的书生，对人很和气。所以，我很小就知道，姑父的身体不好，但他似乎也是一直上夜班。白天有时还要在家接待客人。他特别喜欢昆曲，看戏就是他最好的休息。戏院里有他的专座。他还带我和我父亲一起去看过戏。看完戏，再去上班写评论。那时，吴鼎昌、胡政之也写评论，但由姑父最后定稿。后来，有了上海版、汉口版、香港版，几个版的社评仍由姑父负责，他经常亲自为这几张报纸写社评。以后我们搬到外面住，每逢春节，到姑父、姑妈家拜年，他就摸摸我的

头，让姑妈给我两块钱。我记得，即使过年，他也很少休息，吃完年饭，就匆匆离去，从没有和大家一起守过夜。

# 介绍我去中央周刊

我先在天津上小学，后来在天津念了两年中学，又到北平念中学。1938年，华北已放不下一张平静的书桌，京津的大学都转到西南西北，我就借了本家一位堂姐的证书去陕西城固上了西北联大，插班念二年级。1940年6月，本来该毕业了，而且已经写了毕业论文，但借证书的事"东窗事发"，被学校开除了。那年，我刚20岁，下一步路怎么走呢？我首先想到的就是姑父张季鸾。虽然那时我的亲姑妈已经去世多年了。

在西北大学读书时，我参加了共产党的外围组织中国抗日民主先锋队，因此，被开除后，学校的地下党组织负责人几次问我，准备去哪里。当时进步学生有几个地方可选择，一是去延安；一是去傅作义的部队，傅作义是有名的抗日将领，在青年中很有威信；还有就是去新疆。那时，盛世才在新疆大搞改革，请了不少共产党人担任重要职务，对青年也有一定的吸引力。但我却想去重庆生活书店当编辑。为什么呢？因为邹韬奋领导的生活书店在我们这些年轻人中是个很神圣的地方。我有个同学毕业后去了生活书店，每月工资20块，在邹韬奋领导下工作。他来过信。整天和我们这些年轻人崇拜的偶像在一起，多么令人羡慕！何况那里还有很多其他著名的文化人，去了能学不少东西。

　　姑父是新闻出版界泰斗级的人物，我从父母那里得知，姑父和沈钧儒先生关系极好，是莫逆之交，姑父年轻时曾得到沈钧儒叔父的青睐，他去日本留学就是老先生亲点的。如果姑父给沈先生写封介绍信，到生活书店岂不是易如反掌？

　　那时，《大公报》已有重庆版，姑父也在重庆。在此之前，姑父去武汉创办了《大公报》汉口版，由于条件艰苦，在汉口他旧病复发，身体每况愈下。但在武汉沦陷后，他仍以带病之身，赴渝创办新报。我给姑父写了封信，说要到重庆来找工作，但姑父没给我回信。我干脆从西安出发，辗转到了重庆，盘缠花得只剩下一块钱。到了重庆，我找到了位于中山一路的《大公报》营业部，人家说张先生在南岸康心如家养病，不在报馆。我说："我是他的亲戚，没钱了，非找他不可。"后来，他们告诉了康家的地址，我按地址找到了姑父。

　　那一年，姑父 53 岁。多年未见，姑父的身体更趋消瘦，气色也很差，姑父问了问我的近况，说信收到了，问我打算怎么办。我说："想上生活书店，您给沈钧儒沈老写个介绍信吧。"姑父没说行，也没说不行。我也不好多说，坐了一会儿，就告辞出来，临走时说："我一个钱也没有了。"姑父就给了我五块钱，叫我暂时住在《大公报》的宿舍。

　　我是"民先"成员，得转组织关系，就拿着介绍信，找重庆"民先"的联系人、当时在时事新报当编辑的彭友今。彭友今问我预备上哪里儿去，我说想到生活书店去，已经跟张季鸾说了。彭友今说："好吧，有什么消息告诉我。"

过了三天，一个在《中央周刊》工作的姓顾的来找我，一问，还是同乡，我很奇怪，他来找我干什么呢？顾说："不是张先生给我们老板写了封信吗，说你要到我们那里去工作。"我这才知道姑父想让我去国民党的《中央周刊》。中央周刊的老板叫陶百川，在那里当编辑收入很高，一个月120块钱，比在生活书店高6倍。后来，我知道这位姓顾的去《中央周刊》，也是姑父介绍的。姑父这个人很重乡谊，他的八行书遍天下，当然没有哪里个地方不买账。

## 默许我加入《大公报》

这下怎么办呢？我可是从来没想过也实在不愿意去国民党的杂志工作。可不去吧，又驳了姑父的面子。我想和组织商量一下再做决定。我就又去找彭友今，说："姑父大概不希望我去生活书店，可我也不想去《中央周刊》。"彭友今说："是不能去那种地方，你要求去《大公报》吧。"

过了几天，我又去康先生家找姑父。一进门，王芸生先生也在。这些日子，我已经知道，由于姑父不把病当回事，他的病已经很重了。但他还是不肯彻底休息，只是不做夜班，也很少亲自执笔写文章了，重庆版的编务由王先生实际主持。姑父把我介绍给王先生。我跟王先生打了个招呼，然后告诉姑父说："陶先生派人来了，要我去那里工作。我不想到官方的杂志去，就想去民间的报纸或杂志。不然，我就到《大公报》吧。"姑父盯着我看了一会儿，还是不置可否。见他们还有公事，我只好退出来，回《大公报》宿舍等消息。

那一段时间，我闲着没事，就去逛书店，手上的五块钱差不多都买书了。反正住的地方不要钱，还有饭吃，倒也不着急。

又过了几天，姑父的一个搞发行的侄孙找到我，说："王先生让我通知你来上班，你去找一下徐盈先生吧。"

徐盈是《大公报》的采访主任，有名的记者。我很高兴。马上去找徐盈，徐盈不在家，他的夫人彭子冈在，她也是《大公报》的名记者，说："我知道你，徐盈告诉我的。"子冈为人率直，说话无遮无拦，说，"你是救国会的吧？我是共产党，我们是一家人。"我想，很可能我让姑父给沈老写信的事传出来了，沈老是救国会的领袖，子冈就以为我是救国会的人了。其实，那时我还没有参加救国会。一会儿，徐盈回来了。他说，王先生交代了，让我跟着他跑新闻。

《大公报》，一向注重"文人论政""言论报国"。报纸每天都刊登时评，指点江山，臧否人物。而报纸的灵魂，实际就是张季鸾的思想和主张。那时候，由于身体的缘故，姑父每个礼拜只到报社来一次。有时单独找王芸生和社评委员们谈话，有时接待朋友，有时把编辑部的人召集起来在一间屋里，讲讲当前的时局。王芸生等人就从这些谈话中，或直接得到指示，或间接受到启发，执笔为文。但有些重要文章，姑父还是亲自动手。比如，1941年5月23日刊登在《大公报》的著名社评《读周恩来先生的信》就是卧病的姑父亲自写的。

我那时刚到报馆，是小字辈，也参加了两三次这样的会。当然只是叨陪末座，听姑父侃侃而谈。我的印象是，姑父绝对是一个爱国主义者，

他对日寇侵华的厌恶和仇恨是发自内心的。他总是千方百计地想一些点子，找出一些题目，让报纸做文章，鼓舞抗战的士气。但他不喜欢空喊口号，他总是站在老百姓的立场，靠着强大的逻辑力量、靠着缜密的推理、靠着带感情色彩的文笔来打动读者。姑父的身体很是羸弱，但讲起时局来，还是口若悬河，并不像个病人。尽管病魔缠身，他还两个月去一次香港，指导香港《大公报》的工作。

我就是这样开始了记者生涯。《大公报》的人事原则是任人唯贤。我一个毛头小伙子，一进《大公报》就当记者，当然托了姑父的福。但是，姑父最初是不希望我进《大公报》的。为什么呢？是觉得我思想"左倾"，到国民党那里去谋个"正统"一点的差事更加稳妥，还是为了避嫌，不想把自己的亲戚弄到报馆来？姑父没跟我解释过这件事。一年多以后，姑父去世，这也就成了一个谜。但我知道，姑父虽然介绍许多人进了新闻出版界，但没有介绍一个亲戚进《大公报》的采编部门，我是唯一的例外。

## 出面搭救进步青年

我进了《大公报》以后，由于思想"左倾"，很快就和八路军办事处、《新华日报》的一些同志混熟了，其中和李普、鲁明等人关系尤其密切，成了好朋友，经常一起出去采访。

1940年9月的一天，周恩来在黄炎培组织的形势报告上做了一次演讲，我听了以后很激动，就写了一篇简要的消息，登在《大公报》上。

谁知这条小消息竟引起了周恩来的注意。消息发表的第三天，徐盈对我说："我带你去见一个人。"见谁呢？"见胡公。"胡公是共产党内部对周恩来的代称，因为周恩来那时留着大胡子。听说去见周恩来，我心里很高兴，但也有点紧张。

徐盈带我到了"八办"（曾家岩50号），我们一进门，周恩来马上站起身，热情地同我打招呼，接着问："你是张季鸾的外甥？"我说："是侄子，张季鸾是我的姑父。"显然徐盈和《新华日报》的朋友已经向他介绍过我。他让我坐下，关切地问我多大、家里还有什么人，还问："你是学新闻的吧？"我说："学经济的。""学经济的，怎么当记者呢？是受张季鸾影响吧？"我说："我从小就崇拜他。后来在大学参加了'民先'，读了点马列主义的书，又办墙报，引起了我对办报的兴趣。"这次见面给我印象很深，因为，这么一个大人物，一点架子也没有，倒像是熟人拉家常。临走时，他说："以后欢迎你常来谈谈。"后来，我与"八办"和《新华日报》的记者来往更加频繁，我获得一些重要政治信息，也及时向他们透露，特别是周恩来的一些活动，我必争取采访。久而久之。就被国民党视为亲共的左派记者——一个危险分子。

皖南事变以后，国民党限共、排共、《新华日报》和一些共产党员上了黑名单，要撤退到香港。《新华日报》记者吴全衡临走前给我留了一本书，书里夹着一张条子，说我已经上了黑名单，要我小心。我没碰到过这样的事，就告诉了子冈。子冈说："我也上了黑名单了。"我问："你怎么知道的？"她说："50号通知我了。"我说："我也是50号通知的，这个事情麻烦了。"子冈说："不要紧，你跟我走，找王芸生去。"我说："这个事可不能让王芸生知道。"她说："没事，没事，你放心好了，你听我的。"

我们两个人就去找王先生。

那一段时间，王芸生也住南岸。到了王先生那里，姑父也在，坐在一把椅子上，王先生坐着一张小板凳。王先生说："你们有什么事啊？"子冈说："有个事想跟你谈一谈。"王先生说："好好好，张先生在这儿呢，你们谈吧。"子冈说："我们当记者，哪里不能采访啊，怎么上了黑名单了？我们还是《大公报》记者，不是共产党，黑名单上有我，也有高集，报社管还是不管？"王先生还没说话，姑父就对着我说："我早就告诉过你们，做新闻工作要超脱，不能卷入政治活动，你们就是不听。"他并没有说子冈，只是对着我说，可能因为我是他的亲戚。我看姑父面有愠色，没敢多说话。王先生赶紧站起来，说："你们两位回去吧，我回头再跟张先生商量一下。"

过了大概一个星期，日本的飞机来空袭，我到下城路新丰街19号报馆旁边的防空洞去，姑父也在那里躲空袭。他看见我，说："你出来一下。"我跟他出了防空洞。他说："你们的事情，我和陈布雷讲了，他说没有这个事情，《大公报》的记者不会上名单的。"我马上把这个消息告诉子冈，我们吃了定心丸。后来有一回，我见到陈布雷，陈布雷问："你就是高集吧？"我很奇怪，就问："布雷先生，你怎么知道我的名字？"他说："季鸾先生跟我说起过你。"很显然，姑父虽然不满意我们倾向共产党，但他也反对国民党搞什么黑名单。他要求报纸不偏不倚。但关键时刻，他还是亲自出面，利用他的影响，保护了我们这些进步青年。

说起躲空袭，还应多说几句。姑父那时住在康心如家，康家有很豪华的防空洞，旁边就是蒋介石的别墅，也有很讲究的防空洞。但每次躲空袭，姑父都是坐着他那辆很小的卧车，到《大公报》的防空洞来，和报馆的同人待在一起。他一来，大家都高兴地站起来让座。我想，他的用意很清楚，就是传递给我们两个信息，一个是《大公报》是大家的，他在最危险的情况下，不会离开大家；二是《大公报》是独立的民间事业，他平常可以在朋友家养病，可以和官方人物打交道，但关键时刻，他一定要和事业同生死，共患难。

# 为《大公报》鞠躬尽瘁

我进《大公报》以后，姑父有一件最得意的事，这就是《大公报》得了美国密苏里新闻学院荣誉奖章。

密苏里希望学院奖，是一种很高的荣誉。此前，东方只有日本的《朝日新闻》和印度的《泰晤士报》得到过这个殊荣。1941年4月，《大公报》收到密苏里新闻学院的来函，认为"《大公报》刊行悠久，代表中国报纸，继续特着贡献"。"在中国遭遇国内外严重局势之长时期中，《大公报》对于国内新闻与国际之报道，始终充实而精粹，其勇敢而锋利之社评影响于国内舆论者至巨。""《大公报》自创办以来之奋斗史，已在中国新闻史上放一异彩，迄无可以颉颃者。"那些日子，报馆上下像过节一样高兴。5月，还专门开过庆祝会，姑父在会上讲了话。

但两个多月以后，姑父的病情加重，每日高烧不退。就是在这样的情况下，他仍在病榻上指导报馆工作，时常对王芸生耳提面命，使《大公报》对时局屡有建言。一直到8月31日才住进中央医院治疗。

我当时正年轻，整天忙于工作，不知道姑父已经住院。有一天，《新华日报》的鲁明来《大公报》找我，说："胡公找你，叫你去看你姑父。"我问："我姑父怎么了？"鲁明说："住院了，你也不去。"我说："什么时候住的院？我不知道啊。"鲁明告诉我，胡公去医院看张季鸾，知道我没去。说我太不像样了，胡公还叫我一定得去，押也得押着我去。我赶紧和鲁明一起去了医院。一进医房，就看到国民党政府的卫生署长站在那里。他听说我和张季鸾的关系，很客气地告诉我，蒋主席昨天来看过张先生。

姑父躺在病床上，已经危在旦夕。我握住姑父的手，心里很难受。说实话，当时我太年轻，根本不懂得姑父的价值，只是觉得他是一个正直的人、一个博学的人、一个大文豪、一个为了事业不要命的人。天不假年，现在他再也无法为自己的事业继续尽力了。我说了一些安慰的话，又待了一会儿，就起身告辞。谁知第二天，也就是9月6日，报界的一代宗师溘然长逝。9月26日，重庆各界为姑父举行公祭，从早至晚，人群络绎不绝。国共两党要人蒋介石、周恩来等亲到灵前吊唁，挽联挽幛，挂满灵堂，社会各界都对姑父的一生给予极高的评价。如此盛况，除了国民党元老林森以外，没有第二个人可以相比。

# 他是个真正的报人

姑父不是政治家，也不是报业老板，而是个真正的报人。

以他的见识、学问和社会关系，特别是蒋介石对他的器重，他要混个官当当，实在是太容易了。但他不愿当官。早年，他曾当过孙中山先生的秘书，后来也短暂就任铁路方面的官员，但他志不在此。一旦有机会办报，就会毅然辞去其他职务，义无反顾地投入报业。因为，他认定，报纸在一个社会是不可或缺的力量。它要忠实地记录历史，要真实地反映舆情，要影响社会的发展。1926年，他和胡政之、吴鼎昌接手《大公报》，约定三人不得当官，如当官，必须退出《大公报》。吴鼎昌后来当了官，姑父和胡政之此后始终是一介平民。

姑父和蒋介石的关系是很特殊的。1927年，他写文章骂过蒋介石，蒋介石不以为忤，后来还待他以"国士"之礼，有知恩图报的想法。但他不沾蒋介石的光，一辈子办报。1935年，姑父回乡省亲，蒋介石派人送1万元作路费，他拒受；1941年，他病重时，借住在老朋康心如家，不住政府的宾馆。蒋介石又赠1万元，他还是不要。他定的"四不"，自己是信守不渝的。越是如此，蒋介石对他越是十分敬重。他死后，蒋曾两次吊唁，三次谒墓。这对于蒋介石，是绝无仅有的。

解放后，范长江曾告诉我一件事。有一年，蒋介石大宴群僚，还请了一些外国大使，时间已到，还有一位客人未来。大家不知是位什么重要人物。忽然，蒋介石陪着一位身着布履长衫的小老头进来，并让上主宾席。蒋向大家介绍，这位是张季鸾张先生，道德文章，名满天下。席间，还不断为姑父布菜劝饮，让那些大员错愕不已。

姑父生前，只拿《大公报》的薪酬，年终可拿盈利分红，养家无虞，但并无厚蓄。特别是他这个人乐善好施，家乡来的青年学子或亲友的孩子，找他帮忙就业，他都写信，让朋友安置，还送钱接济。我有一个堂姐，

当时在北京文理学院念书，没钱用，他就让她给《大公报》写些稿子，每月给二十元稿费。

他死后，安葬西安，《大公报》领导及蒋介石等社会名流都去西安参加葬礼，他的续弦陈筱侠和儿子张士基也随同去西安守陵。过了一个时期，胡政之让我去西安把他们接回重庆交由胡政之安置。

《大公报》在中国新闻史上的地位是自有公论的。而正是在张季鸾、胡政之时代，《大公报》达到了它的巅峰。抗战时期的《大公报》，在张季鸾先生的主持下，坚决反对各种投降议和，坚持全面长期抗战的观点，这种政治态度是异常鲜明的。他亲自执笔和指导别人撰写的大量社评，都反映了这一点。而作为报纸的社评，思想的深刻，说理的透彻，文笔的老到，一时无人能望其项背。至于他关于《大公报》的"四不"，是他对一张民间报纸的独特理解，他也基本上是这样做的。《大公报》并非国共两党的机关报，它不可能完全站在共产党一边，也不可能完全站在国民党一边。虽然蒋介石尊姑父为"国士"，但姑父并不拿国民党和蒋介石的一文钱。对国民党的官僚政治和腐败行为也多有抨击。这样的报纸，力求体现一种民间的立场。应该说，这样的办报理念，还是有着合理的成分，也是需要认真分析总结的。

（原载于 2002 年 6 月 17 日香港《大公报》）

第二辑

以言救国　笔作刀枪　　张季鸾

# 烟霞草堂从学记

门人张炽章季鸾谨述

　　清光绪壬寅秋，游学礼泉，侍先师古愚刘先生函丈。明年春，先生入陇，及夏，殂于兰州，今二十有二年矣。怆念童稚时，侍先生才数月，虽列门墙，莫窥堂奥，长益废学，浪迹燕吴，仰忆师门，深惭负负，追维謦咳，时用悚惶。唯阅世既多，始知先生学术道行之广大，每经时变，穷则怀师，诚不自知其心之何故。今年同门壬幼农前辈刊《烟霞草堂遗书》既竣，命述先师言行，附于书末。自维末学，何足纪述大贤，勉就所知，聊书万一，若云阐扬，则吾岂敢？

　　壬寅，炽章年十五，以父丧居籍，与榆林道桂阳陈公兆璜之子燮游，知吾省有大师刘古愚先生，企仰甚。是年秋，陈公解任，炽章奉母命，偕陈君燮从先生于礼泉复豳学舍，是为及门之始。

　　复豳者，烟霞草堂也。既至，弊车羸马，雨夜登门。先生于旧生来，例馈以食。昔者陈君于潼关受业，先生见其至，喜甚，具酒食焉，余侍坐席间，先生欣然谓余曰："汝一童子，不远千里而来，将毋欲学文乎？余不能文，汝来误矣！"余闻震悚，莫知所对。此先生训余之始。一言在耳，至今犹深忆之。

烟霞草堂为庚子后所建，在唐昭陵之阳，负山面野，深谷怀抱，唐渚名将墓皆在指顾间。地极消幽，去市廛十里，群狼出没，常杀人。学舍旁无村落，谷行半里，始有小村。然学舍前风景清旷，谷内多花树，桃李之属富焉。学舍有屋四五楹，为一大院，背负小邱，因建屋其上，望之若楼，则礼堂也。先生家居舍后土室中，《风诗》所云"陶复陶穴"者也。室通前院处夕为讲室，室仅丈许，以风门代牖，先生书斋也。学生层左右室。是年，从学者三十余人。

学舍为诸生公建，来学者不纳束修，先生有山田若干亩，余无私产。学生馈金悉不受，馈酒米，则纳之。先生善饮，旧生来者，多携酒敬之，新生馈，则非先生所愿也。学生启备食，月仅一金，馒首、面羹外，唯备盐椒，肉蔬皆不食。先生食于家，亦俭素如此。

学生为学无定程，各从所好，浅学则先生选书授之，在学数十人，无同者。余阅《明鉴》《文献通考》，并抄读《通考序》《方舆纪要序》，皆师命也。先生曰："读史应先近代，阅《通考》则知历代制度、典章之得失，而货币尤宜先。《方舆纪要》为沿革形势所必读，其书浩瀚，读序可也。"余在学数月，唯课此数书，余取便涉猎而已。

近年美国道尔顿制震传中土，不知复幽舍圃行之，盖中国讲学旧法也。余等自读自解，不限多寡时刻，唯日须撰日记就正先生，而疑难论议，任意书之，初无定程，但戒空泛耳。先生每晨六时即起，出就讲堂，

批阅诸生日记，唯食时返内室，食毕，即在此堂。薄暮批毕，则集诸生于院内，就石案讲释之。先生晚年讲学精义，散见诸生日记中。余仅存一二帙，与众问答语尤多，悉未记，可痛也。

先生书斋，冬不具火，破纸疏窗，朔风凛田，案上恒积尘，笔砚皆冻，而先生不知也。先生冬御一敝裘，长日端坐，手不释挥。先生故拙于书，冻笔作书，艰益甚，诸生日记所批者，皆先生心血也。先生晚年病目，傍晚讲书，不辨字画，而先生不以为苦，口陈指授，娓娓不倦。

今人言学校自治，复圅早行之。学生分长幼二班，日各定一人，轮班执事，长司门钥，幼司洒扫，应客。朔望礼堂大讲，则长者司仪，幼者司柝，四鼓即兴，击柝三次，诸生毕集焉。余为幼生，尝服斯役，柝在礼堂外，虽严寒苦雪，昧爽登高，柝声隆隆，今犹在耳，而其乐不可得矣。先生威仪峻整，望之俨然，讲书时，严整尤盛。学舍以朔望为大礼，谒圣后，先生就礼堂讲书。仅忆讲《孝经》一次，余辄忘之，其威仪气象，惜余时童骏，今不能模拟也。

先生平居端重，饮酒则豪，门人远来必设酒，而以在学者数人陪。余时虽童骏，屡参末座，至今幸之。先生酒后谈国事，往往啼哭。常纵论鸦片战役以来，至甲午后之外患，尤悲愤不胜。此外，喜谈明末诸儒逸事，尤乐道亭林、二曲两先生。清代人物，则重湘中曾、胡、刘、罗，及戊戌死难诸人。先生旧设义塾百余所，及白腊局、轧花厂，皆掌教味经书院以来经画，司其事者多门人，来谒，则常议其事，故遍忆先生谈论，以此三类为最多。先生学术，余不能窥，不敢妄参绪论，唯知先生实未尝专著一书，遗集所存，皆课生之作。先生尝语余等曰："待过五六年，精力渐衰，将从事著作。"则知今之所传，不足尽先生蕴蓄也。

先生于学，无所不通，治经尤直透精微，不事章句，论史谨严，识高义远，晚年发明《音韵表》，旁通数理，仰观天文，此则其大略也。先生不重文章，诗文劲气直达。掌味经书院时，提倡经世之学，三辅从风，鄙制艺为不屑，然余尝闻先生笑曰："我所长者，实八股文耳。"时八股文已废，故逊言如此，以是知先生无所不能，第不欲眩世而已。虽然，先生之所以大者，犹不在此。书生通弊，在以技艺视学问，故虽博览群书，不过一技艺之士。先生不然，终生困勉敏求，未尝为已，大旨救世外无学问，致用外无经术。遗著《论语时习录》《大学古义》《学记臆解》诸书，足窥先生之志，而先生亦终身行之，曰亲民，曰乡学。亲民之道，在于富教，故甲午以后，倡兴实业，欲以棉织、白蜡之利富关中，罄束修以开风气。时风气未开，耗折屡尽，而先生不悔也。乡学则视为救国自强之本，亲于渭北兴义塾数百所，耗资无算。迨余侍函丈时，已多由资尽中辍，先生大窘，而所志不衰。余侍教半载，未尝闻一语及私，凡家人生产、起居衣食之事，常人所不能忘，先生则未尝措意。独层则友千古，教人则善天下，光风霁月，一片纯诚，此其所为不可及也。

戊戌以还，先生遭清吏之忌，归居礼泉，少与世接，门人至，则时与痛谈。尝笑曰："世俗不知，目我为康梁党，康梁乃吾党耳。"盖维新救国，先生早在陕倡之也。戊戌之变，门人李孟符、陈伯澜株累甚，先生尤笃念之。赵尚书舒翘为先生挚友，复函学舍书，多其所赠也。拳变起，先生劝勿袒拳民，赵依违其问，乃至惨死，先生尤深惜之。先生喜谈明末事，语及南渡君臣，辄斥其误国，于死事诸贤，恒咏叹之。论

时事，则重外患而轻政体，盖深念保国、保教、保种之艰，以为患在愚弱，而不在满洲。论西北，则主融合汉回，同施教化。以是知先生于民族主义，所见者大也。庚子以还，东南新书籍入关，先生得则浏览。公子瑞晀游学上海归，先生命译英文诗歌大意，读之欣然，其勤索新知，老而弥笃如此。当时帝制共和，无人论及，唯先生论明末事，批余日记数百言，谓宜用选君终身制，以济世袭之穷；至将来国体，则未尝论及。先生之入陇也，实由融合汉回之一念。自归礼泉，他省征聘，皆不就，门人劝之出，辄训斥之。唯陇上书来，则竟诺。时陇中甫兴学，风气固陋，道险且艰，门人以师年衰，劝勿往，先生叹曰："汉回唯西北隐忧，吾将期以三五年教化回民子弟，此关陇大计，非吾莫属。"事乃定，癸卯正月，发复圞学舍，余等送至礼泉，不料竟与先生长别矣！悲夫，悲夫！

先生体气甚强，时年六十，终日无倦容，饮酒外，他无所好。水烟具一，闻尚遗自先人，治事之暇偶用之。敝衣恶食，淡如也。其接物也，诚怛而近人，谦和而有威。于门人慈甚，或违教则谆责之，罔不愧悟。其教门人也，无智愚新故，皆诲迪不倦。门人负先生者，事过辄恕之。乡人求教，无不满意以去。然贵显干犯，则严峻自持，党祸流言，俱置度外。偶遇官吏采谒，直言政事得失，不避忌讳，故抱膝深山，为清议所宗。忆入陇议起，礼泉知县某代陇吏致聘书，载丰筵来山，余等待门外。席间，忽闻先生抗声曰："老父台胡说！"知县唯唯。门外人不知何事，相与匿笑以为奇。明年上元，知县请入城观灯。归，告余等曰："今日知县夸灯好，我告'以使良民为无益之戏，何好足云！'知县大不欢，我不顾也"。其严直类如此。然先生非故作矫激傲富贵，第从心言事，平等待人而已。

余在门下为最幼，先生钟爱之，仅一受斥责，至今不忘。忆在残腊，陈君燮已归西安，余与亡侄崇基留舍。某晨，日高未起，先生适经门外，严斥之曰："炽章！八点尚未兴耶？"余呕起，见师有怒容，悚惧万状。盖舍规，六时必起也。然余十年来晏兴为常，八时起床乃绝少，追维师训，愧悚何如？

先生时作近县之游，人抵访门人，处分义塾、蜡局等事。壬寅冬，曾至泾阳姚村，皆命余侍行。天寒道远，车行劳顿，而先生不以为苦也。至姚村寓门人家，至泾阳留泾干书院。皆门人具晏、围炉夜谈，先生酒酣兴豪，议论风生，不知夜之将曙。当时之乐，何堪回首哉？余生平恨事，为未侍先父母含殓，及未随古愚师入陇。先是，甘肃聘至，先生谕余曰："尔可随往，为我抄书。"当是时，门人争欲行，而先生于王君章之外，特许余随侍，且年少喜游，欣然敬诺。及请训先慈，则是冬三舍妹夭亡，伤感甚，乃止礼泉。送别之夜，诸生侍谈，午夜方罢。侵晓上车启行，诸生攀辕长揖奉别，先生亦堕泪潸然，孰意竟由此不返关中哉！

先生入陇后事，余不能详，王君章随行较悉。癸卯九月，先生讣至，是冬，灵辆归，门人会葬于咸阳天阁村，余亦至少得识王君幼农焉。闻先生至兰州未月，而学风丕变，先生日讲书二小时，且批课册劳甚。至夏，患咯血，而先生讲批不辍。或劝稍休，不许。临终旬日，尚力疾执教务，竟以不起，哀哉！

记既竟，请综述先生为人，质之当世。西谚有云：拿破伦字典无"难"字，吾师字典所缺尤多。盖凡私伪、贪吝、骄惰、怯懦、求逸、无恒诸

犯者，及顾家室、慕世名，世所视为常行者，皆非吾师所知。爱国爱人之教，为民国本根，然愚自游燕吴，见当世之士，或口爱而实伪，或偶爱而易忘，其下者无论已，上焉者，亦多杂功名之欲，或有刍狗万物之心。求如吾师之至诚，济世忘家与身，虽须臾不舍保国、保教、保种之志，卒殉其事以终，实未之见也！且先生之教，昔或视为书生常谈，今已证明为治国真理，即《学记臆解序》所论，深中时弊，足以垂百世而不磨。何则民国教育，唯使富室子弟，习为浮夸，虽民为邦本，实则弃之化外。重农之说，劳工之论，近最喧腾人口，而为其言者，大率爱逸恶劳，脱令置诸公廛陇亩，必不可一日居，遑论教育？且自新旧说兴，抱残守缺者，深叹用夏变夷，而目解横文者，往往斥为固陋，横争妄斗，靡所折中。不知学期实用，用在济人，不然则私人嗜好意气之争，等诸博弈游戏而已，学云平哉？我古愚先生继承关学，修己爱人，以大兴乡学为救国之本，以农工兼教为兴学之纲，其法各乡设学，并教成丁，文字之外，授以农事，校长即司乡自治，旁察土宜，振兴工艺，尤重蚕桑织棉，且遍设乡团，举国皆兵，平日各服恒业，国家有事，则执干戈而卫社稷。盖先生之意，为政教兵农工合一，而俱寓于乡学之中。此义至精，虽百世不能易也。

先生值季世，生鄙乡，慨然以天下为任，躬行其教，至老不衰。今日富室兴学，不过略捐其宫室玩好之余资，以博世俗之名而已。先生则积年薄俸，涓滴济人，躬设义塾数百所，并轧花厂、白蜡局，为关中倡，卒至穷老以终，而无所惜。其教虽未大行，其志必为天下后世所共仰。晚年详访西事，择善以从，苟求利民，不分畛域。若夫修己亲民之道，先哲所传大义自在，先生唯笃信而行，死生性命，不知其他。呜呼！

此岂今之人哉！炽章廿载彷徨，学行俱废，自忧沦落，长负师恩，唯幸得及门，藉仰儒宗模范。近察时变，益仰先生志行之高深，异时人心向治，必有行先生之行，志先生之志者，中国不亡，窃信愚言之必验矣！

（原载于《刘古愚先生全书·遗书续刻》）

# 新闻报三十年纪念祝词

　　民国五年余曾任新闻报北京通信事，故于新闻报三十年纪念较之普通同业尤不胜欣祝之意。吾尝评论，以为中国成功之报纸唯有一新闻报，盖中国有报数十年，兴者作者数百社，而视为一种纯粹商业，不假政治之力，不仰人资助，独立经营以维持而发展之者，唯有一新闻报，且中国报界之沦落甚，自怀党见，而拥护其党者，品犹为上，其次，依资本为转移，最下者，朝秦暮楚，割售零卖，并无言论，遑言独立，并不主张，遑言是非，而新闻报者独能发挥其在商言商之主义，不求津贴，不卖言论，不与任何特殊势力缔结关系，唯凭其营业能力，步步经营，以成今日海内第一之大报，此诚难能而可贵也。抑察新闻报之发达，皆汪君汉溪之力，汪君不问政治，不兼他业，唯专心一志经营报务，其勤慎精细久而不懈，全国无第二人。而其编辑部诸君皆正人君子，勤事励行，为同业范，同学李浩然君自入是报，亦近十年，古有隐于市，隐于朝，浩然乃隐于报社，终年服务，恬退自甘。夫一事业之成功，皆赖主其事者不断地注其心血精力，积尺寸之功，以成山岳之大。新闻报之有今日，乃汪君等三十年之辛勤致之，非偶然也。虽然，新闻报在社会之功罪为何如，吾尝审思，以为中国报纸无功可论，唯视其罪之大小及性质何如。

新闻报者，虽不敢言功而可告无罪者也。新闻报之言论未必无误，然非有所私图，其纪事未必尽确，而绝非故意为之。换言之，纵有偏，而非私，纵有谣言，而非自造。滔滔天下，新闻报实胜一筹也。虽然，中华民族方遇空前绝后之大变局，故中国报纸不久必须经过大革命。由今论之，新闻报之地位最适于为革命之先锋，亦最有成功之希望，盖报纸性质，一面应作商业经营；一面则对于国家社会负有积极的扶助匡导之责任；新闻报者，第一层已着成功；第二层尚有余地。盖今日态度，只为反映社会一部分之现象，尚少扶助匡导之事，社会白，则新闻报白；社会黑，则新闻报黑；社会呻吟，则新闻报呻吟矣；社会疲倦，则新闻报疲倦矣。故新闻报于无成见于忠实记载一层，可谓无负社会，所以大受社会之信任，然只此而止，其奈此混乱之新邦何乎！今者，其他报纸本身基础且未巩固，无可求其改良，深望新闻报以此三十年纪念之机会，另定第二步营业计划，以应时势之要求，客观记载，愈求其详，主观论断，更期其勇，广交专家，分为部类，一如欧美日本大报之组织，公共问题必有主张，社会现象凡百不漏，盖汪君勿仅自夸其不党，当发愿使中国有知识者俱变为新闻报党，新闻报所善者，国民俱善之；新闻报所恶者，国民俱恶之；新闻报所提倡或排斥之事，国民皆提倡或排斥之；然后新闻报可为中国新闻之大王，国家前途实利赖之，岂仅吾侪同业之光荣已哉，勉矣汪君，行且于三十五年或四十年纪念时更载笔为我东方泰晤士之主人贺也。

（原载于1923年《新闻报三十周年纪念册》）

# 悼丁佛言先生

　　方民国肇建，海内才智有志之士，一时颇集中于国会，虽其后多沉溺政潮，颓废以终，然其志行皎然，二十年一日，学问气节，足为次代青年范者，不无其人焉，黄县丁佛言先生其一也。丁君于国会初期属进步党，才气奔放，世以策士目之，然君实有大志大节之文人。君于政治，始终主张联邦论，其在国会，专致力于促成宪法，反对专制，恶军阀如蛇蝎。癸丑变起，君与国进两党之在京而不屈于袁者，共组民宪党，自是不参国进之党争。民国五年，国会复活。君再入都，兼为总统府秘书长，其一年间，君因反对北洋军权政治，为府院风潮中心人物之一，然君之志，实专在促成地方分权之宪法，他弗重也。国会既散，君乃走东南，各省制宪议起，君颇注意之。十年，国会再集会于北京，君入京之日，即致书黎总统曰，吾此来专为列席宪法会议，不问其他。盖君为人刚正而孤介，目睹横流，厌鄙政争，其耿耿在念者，唯其夙昔信仰之联邦宪法论。十年之入京，为其政治生涯之最后，迨见宪法必不成，则决然辞议员职以去矣。君自此以往，不复为政治圈内之人，归乡隐居，而专致力于古文字学，成篆书大家。君在北京，有与乡人合办之小米肆，十三年，君来北京，视其肆，而为曹锟所囚，几濒于危，国民军入京之日释之，然君坚辞征聘，即日还乡，掉头不顾焉。张宗昌督鲁，鲁之地方名士，非趋赴其门，即虑不测之祸，君乃至济南为中学国文教师，示无意政治，韬晦自全，其后复归乡。迨国民革命军克山东，张宗昌走黄县，往谒其家，君惧为所胁也，乃避乱大连，再徙北平。故里多匪乱，不得归。居平年余，鬻字为生。今年十二月一日，竟以病殁于平庽，七日移柩义园，家人未讣报，海内友好，尚少知者。呜呼，中国历代多奇才异行之人，其修养原则，先贵有守，有守而后能有为，然自现代功利之说盛，风气堕落，受高等教育者往往不知廉耻为何物，便佞模棱以游泳术从政者遍天下，故丁君之耿介，诚足为当世风。而山东为文明宗邦，近世则不振。三十年来，山东产军阀最多，掇拾富贵者，率多钞胥弁卒之流，而教育不兴，寒峻无出头地，老成凋零，人才衰谢，若丁君者，其足为鲁之灵光乎。近年国内盛宣传廉洁政治，实则去万里遥，若丁君未尝自炫其廉洁，而一介不苟，行之甚安，自入政界，除薪俸外无所入，每月生活，数十元尔，此固士人之常行，而即在今日革命党治下，亦属难能可贵。君近年来不口头谈革命，不作政治运动，权其忧时愤世之心，实炽热如火。其于最近政治，以其心无所私，故对于一切进步之倾向，及有一端可取之人物，皆示以同情，而于凌乱污秽之现象，则疾之殊甚。君之毁损健康亦以此。呜呼，自国会末期，议员为世所诟病，政客之名词与军阀官僚同受厌恶，然其中实亦不乏坚贞卓越之士，正不可一概论，丁君其尤著者也。国会之亡，由于贿选，然如丁君者，于选举问题发表以前，早已决然辞职，

非唯不贿选，且无暇参加反贿选，自此七八年间，唯于断碑残籍中求其文字学之出路，岂不远哉，而今者悄然离世矣。夫全国青年，积极方面，应各求能力之锻炼，事业之奋斗，不必法丁君，消极方面，则如丁君之气节襟度，诚足为一代之范，斯人不寿，可胜悼哉，悲夫。

1930 年 12 月 10 日

（原载于天津《大公报》）

# 《大公报》一万号纪念辞

本报创刊于清光绪二十八年五月十二日，即 1902 年 6 月 17 日，以中华民国二十年五月二十二日，发行满一万号，其去三十年初度，余二十五日，同人谨于今日征文中外，以志纪念，而为之辞，辞曰：

近代中国改革之先驱者为报纸。《大公报》其一也，中国之衰，极于甲午，至庚子而濒于亡。海内志士用是发愤呼号，期自强以救国，其工具为日报与丛刊，其在北方最著名之日报为《大公报》。盖创办人英君敛之目击庚子之祸，痛国亡之无日，纠资办报，名以大公，发刊以来，直言谈论，倾动一时。入民国后，英君渐老，社务中衰。国民六七年曾经整理，营业再振，复因顿挫，至十四年冬而休刊。现在服务本社同人之接办，为民国十五年九月一日，英君创办，承庚子八国联军奇祸之后，同人续刊，则当国民革命运动勃发之时，此三十年来，中国受内忧外患猛烈之压迫，旧秩序已崩溃，新改革未成功，国民苦痛烦闷挣扎奋斗之状，实表现于社会一切方面。本报诞生成长于此时代背景之下，而前后同人复同为亲身经历甲午庚子以来之痛史者，今当纪念本报一万号之日，

而回首此三十年之中国，诚感慨万端，不能自已者也！以清末壬寅前后与今日较，中国政治、经济、社会各方面，实已经重大之变迁。盖由帝制以至共和，由宪政以至党治，由筹备立宪以至国民革命，就中国论，为开创五千年来未有之新局，就世界言，亦足包括其数世纪进化之阶段。

然后民国以来，其实质未变，或愈变而愈烈者，则民生愈困苦，吏治愈贪污，教育实业，俱少进境。民国十数年所增加者，徒为若干军阀买办与无数游民盗匪。盖有清末之伪立宪，而后起辛亥义师，复因北洋之伪共和，而后有国民革命。此虽近代史上之两个时期，而实一大问题之继续演进，而璋今未臻完全解决者。是以三十年来，本社前后同人之苦痛烦闷，同时即为四万万同胞共同的苦痛烦闷，今犹有待于挣扎奋斗者也。

近代国家报纸负重要使命，而在改革过渡时代之国家为尤重。中国有志者知其然也，故言论报国之风，自甲午后而大兴，至庚子后而极兴。然清末南北著名报纸，民国后多受厌迫而夭折，新兴报纸处高压之下，亦鲜能发展。报狱叠兴，殉者无数。其规模宏阔之报，或庇外力以营业，或藉缄兽以图全，近十余年来，除革命机关报之非商业性质者外，求如清末报纸之慨然论天下事者，反不多见。现在同人等之投身报界也，早者始于辛亥之役，其晚者亦多逾十年以上。浪迹南北，株守徒劳。故于十五年天津反动政治最高潮之时，更毅然接办本报，再为铅刀之试，期挽狂澜之倒。岁月忽忽，又数年矣，而所谓言论报国者如何？际兹纪念，悲愧交并矣，此同人今日愿诉诸全国读者诸君者一也。

虽然，亦有可略告慰于国民者，自英君敛之创刊，以至同人接办，本社营业，始终赖本国商股，不受政治投资，不纳外人资本。同人接办之日，深感于中国独立的舆论之亟待养成，故进一步决定以微资独立经营，不为一般之募股，负责同人并相约不兼任政治上任何有酬之职务。

当续刊之第一日，尝以四事昭告国人：曰不党，"纯以公民之地位，发表意见，此外无成见，无背景。凡其行为利于国者，拥护之；其害国者，纠弹之"。曰不卖，"声明不以言论作交易，不受一切带有政治性质之金钱补助，且不接收政治方面之入股投资。是以吾人之言论或不免囿于智识及感情，而断不为金钱所左右。一曰不私，本社同人除愿忠于报纸固有之职务外，并无他图。易言之，对于报纸并无私用。愿向全国开放，使为公众喉舌"。曰不盲，"夫随声附和，是谓盲符合。一知半解，是谓盲信。感情所动，不事详求，是谓盲动。评诋激烈，昧于事实，是谓盲争。吾人诚不明，而不愿陷于盲"。以上四端，为在当时环境下所能表示之最大限，亦同人自守自励之最小限，今者检查过去，幸未背创办人之精神，得勉尽同人公开之誓约。虽然，其志是矣，其效则微。现代任何事业，无不受社会连带原则之支配，当本报续刊之日，正南北大战之时，天津在旧式军阀政治之下，全国处于空间革命巨潮之中，试回首此数年间，从张褚督直，至北伐成功，从晋阎卫戍，至中央讨伐，从国共混淆，至清党剿匪；从张雨亭开府北京，至东三省拥护统一；其变化之剧烈，动如南北之极端，本社同人微论智力上应接不暇，即事实上亦障碍丛起，虽依时立言，勉效清议，然亦有时不能言所欲言，或竟不免言所不欲言，其牢持断舵以与惊涛骇浪战者，唯赖其无成见，无背景，不以言论作交易，不自甘为盲从、盲信、盲动、盲争之一点精神，

或足以邀天下之共谅而已。且因战事屡兴，营业损失，金价昂贵，打击尤重，而因华北商业之萧条，广告发行，皆受严重影响，营业既不能充分发展，兼纸面之整理，新闻之充实，皆不能如计划以行。同人虽薄具经验，志切改良，而限于环境及能力，实未能贯彻其理想于万一！今当发行第一万号之日，纵自省志趣未衰，而无奈成绩太少。念各界之同情，感万分之悚愧！此同人今日愿诉诸全国读者诸君者又一也。

唯念中国自国民革命运动勃发以来，精神上实有显著之进步，而世界经济潮流，复迫令中国必须工业化、科学化。以政治言，必须民主化，及社会主义化，在近世界中国中，代表此时代潮流而率先奋斗者，首推孙中山先生，故经三十年之混争，而中国统一于其三民主义原则的指导之下，此时代的必然之事实，非无因而至者也。中国将来政制之演进，与政治人物之浮沉，诚不可预知，而有可绝对断言者，曰：一定前进，其前进之目标，必达到全民乐利进步，与国家自由平等。而为达此目标之计，国民必须更聪明，更勇敢，更廉洁，更富于智识，更有牺牲小己服务大群之决心，而更须先之以教育及宣传。故在此新时代中，报纸任务更趋于重大，而其经营方法，乃更趋于复杂及繁密。本报过去，少所成就，同人学识，尤浅陋无状，诚不足以负唤起舆论之重责。唯追念中国近代之苦痛，感于时势之所需，深愿贡献此一略有基础之小事业于全国国民之前，自今日始，更愿听全国国民之指导督责，而期其援助与合作。盖同人始终抱一理想焉，以为舆论之养成，非偶然也，必也集全国最高智识之权威，而辩论，而研究之，最后锻炼成之结晶体，始为舆论。

依此舆论而行之政治及社会事业，始能不误轻重缓急，不入迷途。

国家果有此等舆论，始可永免内乱，可不受障碍而迈进。夫报纸者，表现舆论之工具，其本身不得为舆论，即同人自念，其所有者，唯若干经验与常识耳尔。建国大业，何知何能，是唯有公开于全国国民，请求其充分指导、督责、援助、合作，敢望全国之政治家教育家各种科学之专门家，及各种产业之事业家，凡所欲言，可在本报言之，其互辩者，在本报辩之。凡在法律所许之范围以内，同人决忠实介绍，听国民为最后之批判，期以五年十年，中国将能形成真正之舆论。抑中国地广民众，交通未开，中国人不唯少知世界，且少知中国。而中国现状，百分之九十以上之人口为乡农，在今日工业幼稚之时，农为国本，而乡间状况，都会不详，是以中国革命之第一要务，为普遍调查民生疾苦而宣扬之，此固报纸天职，而力亦不逮，故必须望全国读者之努力合作，凡属真确见闻，随时不吝相告，期使本报成为全国人民生活之缩图，俾政治教育各界随时得到参考研究之资料。倘以为本报言论有谬误，或同人之志趣有疑点，以及对于报纸一般内容之不满意，凡所批评，竭诚接受，随时改进，唯力是视。此同人今日愿诉诸读者诸君者又一也。

本报于十五年续刊第一日，曾曰："报纸天职，应绝对拥护国民公共之利益，随时为国民宣传正确实用之智识，以裨益国家，宜不媚强梁，亦不阿群众。而其最后之结论曰：吾人唯本其良知所诏示，忍耐步趋，以求卒达于光明自由之路。"今当纪念一万号之日，同人敢誓约于国民者仍如此，同人今日敬谢赐文题辞之国民政府、各省市政府、各局诸先生、学术文艺界诸先生，及应征批评之一般读者诸先生，而各友邦政府、当局及学界、报界诸先生赐文本报，以致亲善之意于中国国民者，非特

同人之光荣，宜为公众所同谢。本报过去既赖政府、国民各方面之拥护，得以渐臻发达，今后更愿挟全国读者之同情与援助，谨随国民之后，努力解除国家人民之苦痛烦闷，挣扎奋斗，一扫近世以来之内忧外患，以求光明自由的新中国之成功。

1931 年 5 月 22 日

（原载于天津《大公报》）

# 《六十年来中国与日本》序言

"九一八"事变以后，国民痛感亡国之可危。然中日危局，不自今始，纯由国防武力之观点言，则自日俄战后，日本固随时可以侵占中国领土之一大部分，其能苟安者，国际均势为之尔。淮自沈变迄今，证明均势之力，亦极微弱，淞沪高埠，且遭蹂躏，天津亦几于破坏，日祸凶猛，至此而极焉。虽然，日本之强，仅近代之事尔。六十年前，犹为一无名岛国。以武力论，彼时犹不如我，北洋舰队之游弋日本海上，亦尝使其朝野震惊。今几何时，日本成世界三海军国之一，中国则长江内河，尚不能自保。清政腐败，国民所痛，而今日回想甲午战前，更成江河日下之势。彼我盛衰之间，可为怆然兴悲者也！吾侪尝究察中国之所以不振，首因地大物博，自恃其不可亡，故萎靡散漫，不能前进。即以对日论，三十年来，经数次之巨创，而犹不知奋，甲午之败，庚子之危，二十一条之羞，济南惨杀之痛，此在当时，皆不可忍。不可忍者，而事过境迁，又复忘之。政治之纷纠，风俗之颓废，转年甚一年。

　　虽经两度之革命，而不能破沉疴而涤旧污，此岂吾民之果健忘哉？徒以自恃其不可亡，而未真切感觉危险之故尔。自华府会议以后，国际空气，暂归平稳，日本态度，亦不紧张。吾民习见之，遂以为国际形势永久如此，而完全忽略自身之无国防。直至去秋变作，始认识国难之袭来，半载以还，张遑应付，朝野束手，除呼吁国联外无外交，除坐待来攻外无战法，三省皆沦陷，淞沪成焦土，而今政府社会之所以自娱者，仍只为世界公论有利于我之一端尔。国家之可危可耻，百年以来，未有如今日之甚者也。因念中国本断无亡国之理，然目前则竟有可亡之势。盖世界危机又至一九一四年前状态，而此番为问题中心者，则中国也。公约之效力，和平之机关，皆不可恃多口舌文书之时代，已一切过去，而日本有武力，中国尽灾民，诚所谓图穷匕见，更无躲闪偷安之余地。自今奋发，犹可为也。倘复泄泄沓沓，听其自然，则几番推演之后，真将丧失独立，化为亡国之民矣。吾侪厕身报界，激刺尤重，瞻念前途，焦忧如焚。以为救国之道，必须国民全体先真耻真奋，是则历史之回顾，当较任何教训为深切。因亟纂辑中日通商以后之重要史实，载诸报端，欲使读本报者抚今追昔，慨然生救国雪耻之决心。其材料概采诸公私著作，而推王君芸生主编之。今为便于读者诸君保存之计，更加增补，印单行本问世。其第一卷卷首，新加《古代中日关系之追溯》一章。盖使国民仰汉唐之盛，悲今日之衰，亦以证明中日文化渊源之深厚，而责日本凌压中国之暴残。第一卷印成，略述数语，并诸简端。愿全国各界，人各一编，常加浏览，以耻以奋。

自此紧张工作，寸阴勿废，则中国大兴，可以立待。事急矣！愿立于兴亡歧路之国民深念之也。

1932 年 4 月

榆林张炽章季鸾序于《大公报》编辑部研究篇

# 《国闻周报》十周纪念感言

民国元年，余与胡政之兄同服务于上海民立图书公司。二年，余由北京出狱归上海，落拓无聊，政之时主《大共和报》，余遂亦任译员。复同于中国公学授课。民五以后，又同在华北报界。八年，余再居上海，主《中华新报》，政之亦自欧洲归来，创设国闻通信社。馆址为邻，而居家同里，如是者且四五年。迨十三年冬，余失业北来，而政之先亦移居北京，仍朝夕过从，十五年秋，更同办《大公报》，日月匆匆，已六年矣。二十年来，同业友人，或死或散，或改业为官吏，其惨者，殉身国事，不可复见。独与政之踪迹不离，亦都不改业，年来且同服务于一报，遇合之佳，生平无二也。《国闻周报》原为国闻通讯社之附属事业，创刊之时，余亦在沪，深赞赏之。十三年，吴达铨兄与政之及余，议发起新闻事业，并日报周报通讯社而一之。达铨为东京留学时代之友，与政之且同学。民国以来，达铨投身于财政经济界，而余等业报，迹疏情亲，国士相许，达铨于新闻事业，见解独卓，兴趣亦厚，以为需有独立资本，集中人才，全力为之，方可成功。十三年在沪所议如此，然未几因余北来，议遂中辍。迨十四年冬，国闻通讯社营业不支，政之拟停办，达铨惜之，并商于余，于是旧议复活，拟先扩充《国闻周报》，余允赞助而尚未能。然因达铨之主持，国闻社事业基础，自是固矣。十五年，北局大变，余滞留津门，彷徨无所之，达铨、政之乃劝余归沪，主办《国闻周报》。余病其为周刊，不足满劳动之欲，以为必兼办日报，庶几可以回旋也。然政之与余，办报皆久，饱经世变，如鸟惊弓，设非适有大公报停办之事实，及进行接办之利便，余大抵再作上海人矣。《大公报》既续刊，《国闻周报》遂亦移津发行，而余精力不足，于周报竟无贡献。年来此姊妹事业，较见发展，今周报忽已届十周年纪念之日，回首前尘，万端感慨，用述吾数人合作之往事如此。夫民国逾二十年矣，言论救国，其效为何？碑碎河山，穷悉民众，悲愧之情，如何可已！敬告读者！吾侪尚将加倍努力以报社会，并望读者教诲之！兼致意全社同人，爱国自爱，努力前途，俾吾日报周报与民国创业同底于成功！早衰如余，仍将与达铨、政之为全国新兴言论界之老兵弱卒，为民族生存之大问题而随同奋斗也！

1932 年 12 月 10 日

（原载于《国闻周报》）

# 今后之《大公报》

本报以前清光绪二十八年创刊于天津，民国十五年由新记公司同人接办，迄今又十年。幸承全国各界之同情赞助，得植其事业基础，更自本年四月一日即今日起，于上海、天津两地同时刊行，谨乘此机会述本报今后经营之旨趣，以奉告全国爱读诸君，而乞其鞭策与呵护焉。

吾人所首愿诉诸全国各界并信为各界诸君所同感者，在国难现阶段之中国，一切私人事业原不能期待永久之规划，即规划矣，亦不能保障其实行。倘成覆巢，安求完卵。即日避地经营，实际又何所择，是以首愿我爱读诸君谅解者。此次本报津沪同刊之计既非扩张事业，亦非避北就南，徒迫于时势急切之需要，欲要沟通南北新闻，便利全国读者，而姑为此非常之一试是也。

本报同人认识祖国目前之危机异常重大，忧伤在抱，刻不容纾。回忆十年来服务天津，多经事变，当年中原重镇，今日国防边区，长城在望，而形势全非，渤海无波而陆沉是惧。尤自去夏以来，国权暧昧，人心忧惶，盖大河以北四千年来吾祖先发扬文明长养子孙之地，今又成岌岌不可终日之势。国难演进至此，已非仅肢体之毁残，而竟成腹心之破坏。此而放任焉，中国之生存已矣！本报同人自惭护陋，徒切悲悚，唯于萦心焦虑之余，以为挽回危局之道，仍在吾全国各界之智慧与决心，因而痛感负有灌通国民思想感情责任之言论界此时更须善尽其使命。同人等因愿自津沪两地发行之日始，更随全国同业之后本下列诸义以兴国民相见。

其一，本报将继续贯彻其十年前在津续刊时声明之主旨，使其事业永为中国公民之独立言论机关，忠于民国，尽其职分。同人尊重中华民国开国者孙中山先生之教训，而不隶籍政党，除服从法律外，精神上不受任何拘束。本报经济独立，专赖合法营业之收入，不接受政府官厅或私人之津贴补助。同人等不兼任政治上有给之职。本报言论记载不做交易，亦不挟成见，在法令所许范围，力期公正，苟有错误愿随时纠正之。以上为本报自立之本。

其二，同人认为在国难现阶段，唯民族团结为自救之路，因此对于凡有国家意识自觉为中国人者，原则上皆表好意。凡公人行动，苟其动机为公，纵见解偏颇，原则上亦一律尊重之，所深恶而痛绝者，唯违背民族利益丧失国民立场之人尔，抑团结非空言所致，所贵讨论意见，凝结感情。本报深愿继续努力于斯，在法律禁令之范围内，公开本报为全国人讨论问题交换意见之用。同人深信救国利器为动员舆论，舆论养成，赖自由研讨，其绍介之责，本在报界者也。所愿政府鉴于国难之迫切，民心之郁闷，实行历次宣言，保障言论自由，俾我全国同业得动员全国报纸以发扬民意焉，则不仅本报同人所希求矣。

其三，关于内政。同人认为国家现状，不堪再自纷扰，故以拥护统

一和平为其一贯之标帜，察同时认识巩固统一之道，首在政治之开明健全，故其属望及督责政府者亦至殷。去夏以还，默察今国心理，已一致集中于救亡。举例言之，政府领袖之辛勤，全国学子之奋发，偕同一志趣也。然不幸因各方地位有异、见解难同，政情既复杂，而现象有矛盾，故在全国一致决心救亡之空气中，而仍多感情思怨之扦格，此恐为目前最危之现象也。同人等愿本具良和之诏示，竭诚为调和疏解之呼吁，当尽可能，剖析事实，衡量利害，不畏强权，不媚时尚，期以公正健实之主张，化全国各种感情思想上之歧异。虽然在今日限制甚多之报界，此志固不易达，唯黾勉为之而已。

其四，关于外交。同人之志以为国家虽遭遇非常，吾民不应失其理想与常度，中国虽危弱，但对外应守合理的远大之方针。夫问题最亟者，莫若对日。吾人所见，以为东亚两大民族，将来必有互尊互亲之日。其关键则在中国之自立自强。本报十年来甚注重中日未来之关系，故近虽严正反对侵毁中国主权之军国主义的政策，但从不漠视日本国家与其人民，今日者，两国关系愈增重大，吾人愿依其实志，更努力伸张吾民之公意，期免远东之浩劫，同时将不断记载当前之危机，唤起全国之奋发。至于我立国精神，原为人类平等，故世界祸福，皆所关心，各国友谊，皆所重视，此则不待论矣。

以上四者，为本报旨趣之在端，亦过去爱读诸君所人谅。虽然，今日者，就报业论，障碍太多，就国事论，局势奇紧。在今后中国自决运命之严重期间，同人等对于中国言论界究能否有所贡献，其贡献究能否于国事有万一之裨益？则殊非同人等所忍言。唯望今国各界鉴其愚诚，与以鞭挞，使同人等若干自信为真挚之感情，与其粗浅之见识，在全国同胞团结救亡之途中，得略收鼓励及参证之效焉，则幸矣。至于今后本报记载之要求充实，研钻之更期深刻，调查之更望普通南北，所志固然，殊无自信。今日先特刊华北经济专号四页，以为在沪刊行之纪念，将求全国同胞刻刻不忘北方！此后对于建设上诸专门问题，愿加意介绍之，唯乞各界贤豪之赞助而已。

1936 年 4 月 1 日

（原载于津沪《大公报》）

# 《大公报》复刊十年纪念之辞

　　《大公报》以前清光绪二十八年创刊于天津，主之者为故英钦之先生，入民国后由故王祝三先生接办，至十五年因故停刊数月，改归现在服务本社之新记公司同人营业，以是年九月一日继续刊行，今日适为十周年纪念。本社于今日特制十周年纪念章，赠予服务十年之职工三十八人，津沪两社同开纪念会，并发表举办科学、文艺两种奖学金，聊资纪念。同人念十年来所受海内读者同情之厚，回顾前瞻，悚惶无已，唯自陈十年来经营之得失，更祈读者诸君之爱护鞭策焉。

　　《大公报》于十五年复刊之始，规模狭小，全体职工约七十人，因中途退社及死亡，今在社者三十八人。社长吴前溪先生去冬辞职，只任公司董事，同人惜之。最不幸者，为何君心冷之早亡。现时全体职工增至七百人，仅职员约二百人。十五年九月一日印行两千余纸，今津沪合计，逾十万纸。忆复刊第一月总支出，约六千元，今津沪支出，不下十万元。

　　最初印报机为小型平面机三架，今用高速度轮转机，现时全国分销机关，共一千三百余处，除东四省不能寄递外，行销通于各省。今春感于时势之需要，自四月一日起于沪津两处刊行，销路愈增。其姊妹事业，《国闻周报》亦由两千部渐增至两万余部。此十年来事业进步之梗概，全出于读者同情之厚赐者也。

同人自复刊以来，常以本报之经济独立，及同人之忠于职业自勉。此种顾望，幸获有成。回忆十年经过，除第一年入不敷出，耗用股本之外，未几即渐达收支适合。迩来工场设备之发展，皆以营业收入充之。

现时工场财产，价值约四十万，皆自然发达而来者也。多年因纸料昂贵，经营困难，三年前始渐有赢利。同人审念，为保持职业神圣之计，对于职工福利，须有设施，故自前年起，创设养老备险诸金，专款存储，月累岁增。果幸而事业长久，凡我职工将不忧老病死亡。至于照章摊派红利，及工友教育卫生诸设备，其事寻常，不必列举。同人微志，愿为中国社会完成一经济独立的言论机关，同时为我千百职工建设一巩固安定的生活根据。虽十载经营，稍具基础，然念来日之大难，唯有与国家社会同其休戚而已。

至于十年来办报之得失，亦有愿自陈述者。兹举数端敬承教诲。同人自然甚堪告慰于读者诸君者，约有三点。其一，中国社会对于报纸及报人久无正确之认识，盖于报纸使命及报人职业之重要，多未有相当之体会。然此不能尽责社会，亦应自责自勉。同人十年来谨服膺职业神圣之义，以不辱报业为其消极的信条。虽技能有限，幸品行无亏。勉尽报纸应尽之职分，恪守报人应守之立场。十年来中国报业蒸蒸日上，同人厕身其间，幸未辱及同业。其二，本社为私人营业，同人为职业记者。故其所采方针，类于外国无党派之普通营业报纸，盖以采访事实，绍介

舆情为主。同人自信，不敢存成见，有偏私，兢兢自守，十年一日。其三：同人学识简陋，对国家社会之重大问题，不能有良好之贡献，唯苟有主张，悉出诚意，国难以来，忧时感事，晨夕不安。但本良知发言，不计利害毁誉，错谬定多，欺罔幸免。以上三者，同人之所自信也。虽然，愧念十年来全国读者爱护期许之殷，及国家社会需要报业解决问题贡献意见之切，回首前尘，惊心今日，诚不得不深感其能力薄弱，有负读者。盖同人尝念其有应尽之责任而未尽到者：第一，报纸生命，首在新闻，盖应能反映中国之全部重要问题，以满足救亡建国途中国民之一切需要，所志宜然，未达万一。第二，尤缺陷者，各国报纸近年莫不注重关于国民经济之纪述与主张，中国亦亟须之，同人虽愿努力于斯，而十年未迈初步。第三，近代报纸本有国民外交之意义，以拥护国家利益为其主要使命。本报复刊以来，虽甚留意于外交问题，然犹常憾见识不足，或主张不勇，故无曲突徙薪之功，徒感焦头烂额之痛。第四，报纸为人民共享之工具，凡各地疾苦，各界烦闷，皆宜勉为宣达，以期政治日新。此虽同人素志，而实挂一漏万。第五，同人笃信舆论之锻炼，赖于知识之集中，故十年以来，祈求各界权威与之合作，辱承不弃，当得有披露专家意见之光荣。然所惜者同人努力不足，未得普遍求教。第六，现代报业除刊行报纸外，应为社会实际服务，凡社会应倡行之事，报纸宜为其先锋或助手。同人审知此义，然限于人力财力，未能有所发扬。此次举办科学奖金、文艺奖金，仅表纪念之微意尔。以上诸点，仅具梗概，实则社会同情过丰，同人智能过少，缺憾无穷，不可罄述。今当十周年纪念之日，然不能不缕述衷曲，以求读者诸君之鞭策者也。至于同人今日对国事之感想，则回首民国十五年今日本报复刊之日，正国民革命军过汀泗桥将达武汉之时，盖本报再生于革命大动荡之始，而逐渐成长发达于北方社会，中经北伐完成，以人近年之国难。凡此十载沧桑，莫不目击身受。居今论事，则甚感国民精神因逆境而进步，建国大业，定将渐成就于忧患苦痛之中。唯就同人而言，则十年来徒随时势而悲喜，常颠倒兴奋于希望与失望、自愁与自解，或忧伤、感愤、焦急、企盼之各种情绪间，十载纷纷，都如昨日，其所得结论，徒为自忏无能，今愿请罪于全国爱国同胞之前，此后更盼全国知识界之不吝指导也。

1936 年 9 月 1 日

（原载于津沪《大公报》）

# 从南开复兴说到一般教育

昨日南开学校开盛大的纪念会于重庆。年年此日，在天津开会，除该校有关系人外，多不甚注意，今年却不然。这"南开复兴"一个名辞，象征着中国民族的新精神新觉悟，所以我们于昨日已简单致祝之后，再申论其事，以贡献于战时的中国教育界。

南开学校的被毁，是中国文化机关在报日侵华战中最初最大之牺牲，是日本居心摧毁中国教育、仇视中国文化最近最显之证据。就教育界论：痛心极了，但中国却也得到了重大收获。就是：证明文化与国防之绝对不可分，证明无国防的文化，就等于亡国的文化。

张伯苓校长是中国教育界伟大人格之一，而其所以伟大处，经此劫火，更得证明，他承继严范孙先生四十年辛苦扶植的教育事业，一旦无端为日本炮火故意摧毁，而丝毫不能消灭他们的勇气，反而更增长、激发他们的信仰。他本是一位热诚的爱国者，现在更灼热化了，并且极端乐观。他的爱子殉了国，也毫不动心，这种伟大精神，确足以代表中国民族的新觉悟，而为我们所万分钦佩的。

中国过去的教育精神，实在错误，实在不够用，近代中国在那一天、那一小时，本都是随时可受敌人的炮轰机炸、蹂躏践踏，今天境遇，本来时时刻刻可以遭逢。以人比喻，是刻刻可死的。这样重大紧急的危险实状，我们的公私教育并没有彻底唤起学生的觉悟，教育内容也并没有完全针对这样的需要。中国民族实在是一年一年混过去，学校青年一批一批地入了社会也跟着混，混到"九一八事变"，混到塘沽协定，这可谓创巨痛深了，但依然没有向国防教育猛进，事到今天一切人才不够用，而许多学校的师生只是迁徙或流亡，在平津者更等于做了俘虏，或者竟遭了残害。

今天证明了一个悲惨事实，就是过去的一般教育，实际上于国防无用，学生们受了多少辛勤，而今天在国家民族这种危急关头，竟然大半无从为国家努力。这是怎样可痛可危的事呢！要论其根本原因，是国家教育方针，多年根本上未做真正非常时期的准备。近几年来，关于军事训练上，颇有努力，而学科上依然是承认过去，无所刷新。一般教育家对于如此危机，也极少认真体会，大家虽然口口声声说救国，实际上仍是承平时代得过且过的心理。

我们不是单责政府、责教育界，实在就是自责。因为言论界人本身是受过教育的，同时在言论上，也负有若干教育性质的责任。我们现在呼吁，是请求大家一齐忏悔过去而努力将来！中国民族所受教训本来不少，早应觉悟，但是惰性太深，竟然演到今天，但今天却是最后一次教训了！这个教训若再不诚心接受，就要注定做朝鲜人战兢着过奴隶生活了！中国民族今天已彻底激发了必胜的志气，下了牺牲的决心，那就要

即刻彻底普遍实行国防教育！何为国防教育？就是要一切以国防需要为本，凡国防所需的，赶紧养成，其不需的或有害的，一概摒弃。中国青年不容再空谈主义，有了独立，才能主义可论，全国青年一定要军事化、科学化、劳动化，学校的责任就是练成种种国防上的队伍。总之，要使每一学校都有直接或间接的国防上的价值，每一学生都负一些直接或间接的国防上的任务，全国学校先组织起来，分配责任，各尽所能，然后借学校而组织起全国青年、少年。这个重大命题，在半年一年之内，是必须完全解答的！总之，中国今天撇开国防价值之外，无教育价值，就人说，若与国防无用，就不配为人，换句话，只有肯拼命救国卫民，只有其工作于救国有效用者，才配称为中国国民！假若不然，则非但活着无益，并且是国家民族之紧，因为迁徙扮演弱者的悲剧，这样人，若太多了，只有减弱民族抵抗强暴的实力而已。我们因喜见南开复兴，而论及教育上一般的需要，盼望张校长及一般教育界的重镇决心领导全国青年，为长期抗战与备战，加紧地共同奋斗！中国在此一战中不但要御寇复土，并且应决心乘此确定中国千代万代的国防基础！莫说此言夸大，民族建国的事业，只有在至危至险中，才能以不可思议的速度去完成！

1937 年 10 月 18 日

（原载于汉口《大公报》）

# 中国国民应有的自信

就全体而论，中国国民对于卫国军事的自信心近来正在日增强固，现在为促使同胞们更一致地坚确自信之计，特陈述两点如下：

第一，日本侵略力有限，而中国抵抗力无穷。日本国家实在正走下坡路。精神上早彻底破产了，只靠一点武装。无耻的日阀称进攻中国为"圣战"。它所以"圣"，就是抢、烧、杀、淫。他们这样见财就要，遇人就杀，见女性就欺辱，而恬然自称为圣战，毫不知羞。这样不反省的民族，实在正走向败亡的路而不可挽救了。再具体言之，侵略靠经济，侵略越久，经济越坏，最后必须崩溃。而一方面还要对英美保持一等国的架子，不得不与英美竞争海军。这种两重的军事负担，怎么样也不能久。

所以说日本的侵略力，实际是有限的。而反观中国，则大不相同。论兵员，中国组织的壮丁，是以千万计，不是以百万计。论物资，则只要工作，什么都用不尽。就是专论军火，中国今后并不专靠舶来，并且要自造。为什么中国不能兴重工业，为什么不能成立大规模的兵工厂呢？仅四川一省，就有欧洲一大国的富源，为什么不能开发兴建呢？假若中

国愁无工业、无军火，愁不能卫国，那么，欧洲一些小国家、小民族，早就应当给强邻递降表，早就应该自己取消国家之存在了。所以中国的抵抗力，实际是无穷无尽的，只需要用出来。简单说，第一，只需要人的组织训练与物的建设，这都是必然可能的问题，毫不带架空的假想。同胞们！莫要眩于日本之假强，而忘却中国之真强。中国过去完全自误，一旦觉醒而奋斗，这种力量比日本不知要大几十倍。以无穷之抵抗，当有限之侵略，中国最后当然要胜利，当然能驱逐敌军出中国。而这一切只是时间与工作的问题，并无任何疑问存乎其间。

第二，中国军队的战斗力，实际上比世界任何国家都强。自卢沟桥事变以来，我们有意无意之间，都容易犯一种错误，就是太重视国际形势。其原因无他，只是自感力弱，而望第三者的强国早些出面干涉。这种弱者的心理，近来渐渐克服了，但还有余痕。其实我们忘了自己军队的战斗力比任何国家的军队都要强，为什么不求己而希望人呢？这个理论，一点不夸张，请问世界上哪一国的军队能如中国这样耐饥、耐寒、耐劳苦？中国军人往往在战壕中，几天不饮不食，这一冬，那样严寒，不过一件棉军衣，而雨雪连天，屹然不动。战壕水满了，还依然守着。再请问世界哪一国的军队能如上海等处那样勇于牺牲？各国作战，武器是对等的，不对等就不能战，只有中国军队能在物质不利的条件之下这样斗争。中国过去被讥笑为五分钟热度，但现在不然了。自夏徂春，自北而南，我们百余万健儿总是在不利的条件之下拼命，而且越拼越勇，兵员也越牺牲越多。这种情形，乃全世界所未有，不止为日本所不能。我们当然在战略战术上、在指挥运用上、在人事组织上，有缺点，有漏洞，但这些缺陷，今后都可以弥补。而物质条件，也可逐渐充实或改良。同胞们！亟须自信：中国壮丁是世界最优良的战士，今后严加训练与补充之后，准可建成世界最优良的军队，那么，我们为什么还属望于友邦们的武装援助呢？所以我们必须明明白白决心自力更生。这一定够用，一定成功。我们只接受世界诸友邦正义的同情，防止日本的国际援助，这就行了。至于列强对日本的关系，专看他们自己演进，我们并不过分萦心。因为世界同情总在我们，而日本之国际关系，事实上也只有一天天恶化。特别在中国积极发扬自信的精神，军事上确切站得住之日，日本在世界政局里自然就要坍下来。

以上两点，都是事实。但我们当然不能空作大言，而必须工作勤与牺牲勇。我们一方为雪耻复仇、为救国命民命；一方为建设千年万代的自由中国，不工作、不牺牲还可以吗？任何劳苦，都是应当，多大牺牲，都有酬报，这是全国同胞早已共信共行之至理，更不待论了。

1938 年 3 月 8 日

（原载于汉口《大公报》）

# 无我与无私

本文所讨论的是关于新闻记者的基本态度问题。现在战局这样紧要，而讨论这些事似乎太迂。不过我想，人生处变处常，本应态度无二，何况中国的抗战建国事业，是处变，也是处常。今天的报人恐怕毕生劳瘁，还尽不完责任，所以考虑之余，依然还是定这个迂阔题目。

新闻记者于处理问题、实践职务之时，其基本态度，宜极力做到无我与无私。现在分别叙述一下，所惜时间匆促而脑力钝弱，挂一漏万，遗憾之至。

何谓无我？是说在撰述或记载中，竟力将"我"撇开。根本上说：报纸是公众的，不是"我"的。当然发表主张或叙述问题，离不了"我"。但是要极力客观地探讨，不要把小我夹杂在内。举浅显之例解释，譬如发表一主张，当然是为主张而主张，不上自己的名誉心或利害心，而且要力避自己的好恶爱憎，不任自己的感情支配主张。这些事说来容易，做起来却不甚容易。

名誉心本来是好事，但容易转到虚荣。以卖名为务，往往误了报人应尽之责。我们于民十五在天津接办《大公报》时，决定写评论不署名，也含有此意。本来报纸的言论与个人言论性质不同，而在当时，我们也有务求执笔者不使人知之意。我们的希望，是求报纸活动，不求人的活动。现在仍愿这样做。我们这种做法未必就是对，不过我们多年来确是对虚名愧惧，深恐对于报人的职责一点也尽不到，现在举例而言，也只是表示我们多年来一点迂拘的意见而已。

个人署名发表文字，也当然是常事，这是加重个人的言责。除日刊报纸外，著作家都是署名的。这样著作时，也亟须撇开小我，方可为好的作家。特别感情冲动，最是误事。一己之好恶爱憎，往往不符真相，所以立言之时，要对自己切实检点，看是否为感情所误。

报人采访新闻、撰述纪事时，也是一样。在普通情形下作纪事，用不着把自己写在里面，然有时需要以自己的动作为本位，推写问题；类如视察战线之纪事，那也要纯采取客观的态度，就是一切以新闻价值为标准。譬如在一段纪事中，假若访员自己之行动或经验确值得公众注意，那么尽量描写，也是应该的。若自审自己之事，无新闻价值，那就应完全抛开。

采访纪事，也亟须力避感情冲动，譬如访问一人，得到不愉快的印象，但作纪事时，仍当公正处理。此例太浅，余可类推。总之，一支笔是公众的，不应使其受自己的好恶爱憎之影响。

无私之义，其实就是从无我推演出来的，不过为便利之计，分开说明一下。自根本上讲，报人职责，在谋人类共同福利，不正当的自私其于国家民族，也是罪恶。以中国今天论，我们抗日，绝非私于中国。假

若中国是侵略者，日本是被侵略者，那么，中国报人就应当反战。现在中国受侵略，受蹂躏，所以我们抗拒敌人，这绝对是公，不是私。至于就国家以内言，更当然要以全民福利为对象。报人立言不应私于一部分人，而抹杀他部分人；更不能私于小部分人，而忽略最大部分的人。这本是老生常谈，但实践起来却不容易。

私的最露骨者，是谋私利，这是凡束身自好的报人都能避免的。其比较不易泯绝者，是利于所好，而最难避免者，为不自觉的私见。因为一个人的交际环境、学问知识，为事实所限，本来有偏，所以尽管努力于无私，还诚恐不免有私。

彻底的无私，难矣，所以最要是努力使动机无私。报人立言，焉得无错，但只要动机无私，就可以站得住，最要戒绝者，是动机不纯。

中国人在一种意义上说，现在是处于最好的环境。这种环境下，必然要锻炼出来无数的好记者。因为我们国家以绝对正当、绝对必要的理由，从事于自卫生存之战，我们报人做抗战宣传，在人间道德上绝对无愧。而我们抗战建国的纲领，就是为全民族的福利，同时也就是为全人类的福利。为报人者此时一方面日受敌人不测的摧残，自然可以领悟到无我；另一方面在绝对道德的大环境之下，做共同唯一的工作，又天然可以做得到无私。所以报人精神的高潮，这时候最易锻炼、最易养成。加以在全民族受寇祸侵凌之时，无论前方后方，无论任何部门之任何问题或任何事实，皆有极大的新闻价值。报材遍地，可以随时拾取。这种环境，实在是千载一时，我们大家若再加以不断地自己检讨，那就每一个人都可以成为新时代的好记者。人们或者问：无我无私，岂不是大政治家的风度？我可以这样答：我们报人不可妄自菲薄，报人的修养与政治家的修养实在是一样，而报人感觉之锐敏，注意之广泛或过之。我盼望也相信现时全国有志的青年记者，只要努力自修，将来一定要养成不少的担当新中国责任之政治家。

1938 年 6 月

（原载于《战时新闻工作入门》）

# 祖国与侨胞

祖国是伟大的，祖国的前途是灿烂的，世变愈亟，我们对于祖国的信赖也愈深切了，特别是我们身居海外的，九个月来，耳闻目睹了多少兴亡的事迹，将这种事迹，与祖国的现代对比一下，我们和所有保持兴盛的国家一样，有其一切复兴的条件，而在国际的不断变化中，却证明我们已断然脱离了危险关头。祖国三年来在海内外同胞一致团结奋斗下，已由衰老的国家变成朝气蓬勃的国家，已由次殖民地的地位而变成国际的重要安定力之一。只要我们咬紧牙龈，苦干下去，则我们数十年来对祖国之一切憧憬与期望，不难一一实现。

我们想到祖国，也想到海外的侨胞。我们的侨胞，正像是离家远行的游子，游子们披星戴月、露宿风餐，为的无非要光复门楣，为的无非慈母的噢咻与鼓励，每当万里漂泊、历尽风霜的时候，回望家门，愈觉得家庭之可爱，愈觉得重振家声之刻不宜迟，同时也虔心祝祷，希望留在家内的弟兄，能相期共勉。及其努力已久，挫折已多，眼看见家运一步一步地兴隆，抚今追昔，深深感到世运推移，原无定则，而列祖列宗往日钟鸣鼎食之盛，主要由自己这一代恢复过来，这时怎禁得住不投到慈母温暖的襟怀，抱着在家内刻苦奋斗的弟兄感极而涕。

今日的祖国、今日的侨胞，其情形就是这样。祖国与侨胞，几年来相依为命，侨胞对祖国，固尽了不少力量，而祖国对侨胞，亦不负所期。时至今日，世变愈亟，我们祖国之屹然独立，风姿飒爽，已为侨胞所深深认识，而祖国与侨胞之互相联系，更觉得深刻不可分离，我们愿借着这个机会，来与侨胞们剖心恳谈。

第一，我们愿正告侨胞：今日的祖国，已非十年前祖国，今日的祖国，代表的是雄伟的力量，把握的是无可限量的前途。往日龙钟的老态，已逐渐洗脱，而数千年朽腐之余，也慢慢地委付流水，唯是侨胞们离国已久，隔膜已多，也许心目中还残余着旧的印象，而不知这三年来，因日人之摧残与凌辱，已全国奋起，御侮自强，造成了祖国的一种坚强不屈、勇往直前的锐气。这种锐气，祖国凭借了，便使日人之泥足深陷；祖国凭借了，便愈战愈强；祖国凭借了，便建筑起伟大的西南西北，奠定了现代国家的楷模；因为这一次抗战，往日个人贪污昏庸的分子已逐渐淘汰，而朝气蓬勃、有为有守的人才已逐渐登庸，今日的祖国，已不是但求死里逃生，而是自己打出了百年的坦途，向前迈进。

第二，我们愿正告侨胞，在世界风云变幻的当中，唯有祖国的力量才是最可靠的保护。侨胞久居海外，眼看见九个月之间，世界上有十一个国家被人从地图上抹去，而我国抗战经过了三年，光明反在我们的目前闪耀。我国广土众民，因为先民遗泽之浓厚，但是我们更有万众齐一之心，又有高瞻远瞩的领袖，因而能屹然独立，逐渐完成历史之使命，

现在我们单就货币而论，往日我们认为可恃之外汇，崇朝之间，而在交易所上被抹去牌价者，已属司空见惯，这充分证实了世界上无论什么事，在风云动荡的当中，不能靠人，而应靠自己。以欧洲战云的弥漫，谁能知其究极？黄金的前途，固自可虑，而通货膨胀之说，又若即若离，外汇可恃？可恃的毋宁还是我们的法币！我们今日要求生存竞争，唯有靠自己，唯有靠自己的国家，把自己的民众和民族的利益打成一片，才是不坏之金身，才是不可侮的力量。

第三，我们的祖国比以前任何时期都见光明，而祖国对侨胞的需要，也比以前任何建国事功，则头绪正极繁杂，自应加倍努力，无论国内国外的同胞，一息不容少懈。我们国为有以往三年的努力，才有今日，也唯有今日能加紧努力，才能孕育未来的光明；在此时会，其需要侨胞人力物力之协助，既殷且切，侨胞献身祖国之空前伟业，此正千载一时之良机。我国之西北与西南，蕴藏丰富，坦坦沃源，可以安身，可以立业，可以为子孙万代奠不拔之基，而筚路蓝缕，开草辟莱，更是我们这一代句：将来有伟大成就之实业家，断然不会再生于业已开辟之地带，而将在于我们之西北与西南培养出来。美国当年之开辟西方，因受印第安人之挠阻，其艰难远甚于我国之开发西南与西北，因为美国人能持以坚心与毅力，故口口于成，而我国前一代之侨胞，躬与其事者，数不在少。我国的侨胞，既能助他国开发于前，岂不能为祖国开发于后？而且现在的侨胞，其学识与技术，比前尤见卓越，如能为祖国发挥其建设天才，宁患其无光明灿烂的成效？所以祖国今日之恳切需要我侨胞，固不但利其所持之外汇，而尤利其对建设之学识与经验；反之，我侨胞之所以急于投入祖国的怀抱，固不但因祖国为祖宗庐墓之所寄，而尤因祖国为唯一之保障，并已有着光明的前途。

祖国伟大之吼声，侨胞们，你们想早已听到了，现在，她正热切倚闾而望呢！

（原载于 1940 年 6 月 28 日香港《大公报》）

# 师道与学风

本月六七两日本报所载武大教授杨人楩先生的《论气节之培养与教育》一文，我们认为是一篇很诚挚、很有益的议论，深愿对此问题也贡献一点意见。不过问题重要，一次说不完，今天先专就杨君所主张的"尊师道"一点，作一简单的讨论。

我们对于尊师道的必要，绝对同感，并且认为这是教育上一个根本问题。凡关于建设良好学风，达到国家教育目的的一切需求，都要以尊师道为解决的枢纽。

那么，具体地说应当怎样办呢？杨君文中也说到一些，但是枝枝节节的。我们甚愿建议一个原则，就是希望政府在施行整个教育政策上，先以提高校长地位，尊重校长，信任校长，辅助校长，做一个实际原则。

要使学生信任教育，尊重教育，必须由政府尊师起，要尊师必须从尊重校长起。我们的具体意见是：凡国立省立学校的校长，政府在聘请之时必须慎重其人选。为民族子弟选师，当然是一个隆重严肃的问题，所以一定要选得好。大学校长，一定是国家第一流人才，不但在学术上能以领导，道德品格也必须足以为国民之模范。还有重要两点，就是其人必须是献身教育的教育家，同时对于国家建国大业有了解，有热诚，有抱负。简单言之，其人必须是能力足以领导教育，而精神志气则足以分担国家民族命运的第一流人才。其次中学校长，虽然不可悬格太高，也一定需要慎选，在品格精神上，须与大学校长是一个标准。政府在选择此等人才之时，固然有其自由，但一经选定，便须充分加以尊重与信任，并且将对为其后援。现行制度，校长是官吏，但不应以普通官吏相待，因为他是师。政府譬如东家，学生譬如子弟，校长就是东家给子弟聘请的老师。这些子弟的智、愚、贤、不肖，全凭都是教导如何。这当然是一个极严肃的问题。何况政府为一般少年国民选师，其意义的重大，较之旧时代私塾请先生更有不同，因为教育好不好，关系国家民族存亡之故。所以我们的意见是：政府在聘用以前，应当慎而又慎，而既经聘用，则十分尊重其职权，而信赖其负责，这是尊师道的第一步。

具体地说，主学校以内之事，概请校长全权负责，现行制度，教授也是政府聘，不是校长聘，这也一理。校长对于国家法令及教育方针，当然要负责执行。对于教授，根据法定权限，领导合作，这也是毫无困难的。我们的具体主张是：在一个学校以内，如何施行教育方针的一切问题，概应使学校当局自行负责。政府但依法考核其成绩，而不使学校当局以外的机关干涉其事。学生训育问题，与学科同等重要，这也应责成校长负其全责。其他有关的机关，只可居于辅助地位。总之一句话，学校是教育机关，不是官署，也不是军队。而一种教育的效果，全靠师生之间长期的施教授教，锻炼陶融而成。欲达到这样目的，必须自校长起，

一般在师长地位的人，专心一志，致密负责。这绝对需要一种良好的环境。使师长得以执行启导学生的责任，使学生养成尊敬信任师长的习惯，这样才能说到学风。所以我们认为师道与学风，是密切相关的，尊师潭然后能建学风。

我们特别论尊重校长的必要，是因为校长是教授的领袖，且负有学校行政责任。至于教授教员之应受尊重，当然一理，不必另论。私立学校，与国立、省立者地位不同，但道理一样。政府对于私立学校校长是否胜任，自然一样有权考核，如认为不能胜任，尽可命令其董事会另选校长，但一经承认其胜任，就一样地尊重其地位职权。

在上述前提之下，再说到待遇问题。自物价变动以来，政府对教育界、对学生，极力补助，而教育家所受的生活压迫依然严重。关于此点，我们却无特别主张，因为深知政府十分注意这个问题。今后无论抗战财政如何艰难，政府必定努力救济，所以这一点反不必多论。国家为少年国民请老师，当然要保障其生活，不然，实际上将无人从事于教育了，所以这是事实问题，反不在讨论之列。

此外关于补充或批评杨君意见，应当说的话还很多，日后再论。今天只对于尊师道一点，贡献其感想。我们回顾数十年来之事，亲见师道之堕落及其影响。教育流为商品化，学生与校长、教授之间往往精神上毫无联系。为师者既不受尊，亦不自尊；学生之不尊师，更不必论。当然我们不容抹杀一切，但这样弊风，实在很大。在这样师道堕落之环境之中，侈谈思想自由，就等于奖励放纵队于精神的无政府，使国家民族坐待灭亡。而同时呢，师道既衰，根本上对于青年思想无从为有指导或纠正。即使有训育的设施，也流于形式的、强制的，其结果使训育不生其效。过去情形如此，今天国家在艰难抗战之中，我们的教育绝对需要进步，旧时代的弊风，绝对需要革除。今天国家对其少年大群，绝对要求其成为担当国家民族命运的战士，所以一方面必须唤起其热情与志气，共同服膺国家至上、民族至上的大义，信仰宽宏而合理的三民主义，排除旧时代的有害国家民族的一切意识习惯；而同时必须教育此少年大群，每一个人，都有刚健自由的人格，成功威武不能屈、富贵不能淫，有骨头、有气节的国民。简单言之，必须使此少年大群每一个人都自觉地、自动地彻底明了国家民族的大义，而以真正自由的精神，自己发愤而负起责任来。

今天以后教育上的需要，这样重大、这样迫切，怎样能完成此需要？实在是一个最大的问题，而我们的感想，第一还是从尊师道入手。明末几位大师在国破家亡以后，抱残守缺，兴学传经，而其精神竟能支配中国三百年，到底出现了辛亥革命。清末曾胡左等的事业，自革命眼光论，固然是另一问题，然其渊源，不外是几个文人讲学，竟能支配五千年的中国历史。凡此可证明中国师道之伟大，值得我们研究。今天国家每年用几百万人办教育，而现时在大后方的一切学校，实在是靠着前方几百万国军将士天天流血苦战保护着，这样生动的、悲壮的、民族流血的活历史做着教材，而何以还不能不讨论振作学风的问题，这一定有其症结在。我们今天姑不做其他的讨论，而先呼吁中国师道的重光，呼吁为民族子弟选良师而尊重之，同时呼吁为人师者之自尊自重！

（原载于 1941 年 4 月 10 日重庆《大公报》）

171

# 张季鸾先生遗嘱

余生平以办报为唯一之职业。自辛亥以还，无时不以善尽新闻记者天职自勉，期于国族有所贡献。迨"九一八事变"后，更无时不以驱除暴敌，恢复我国族之独立自由为念，同时深信必须举国一致，拥护领袖，拥护政府，忠贞自匡，艰苦奋斗，始能达此目的。故尝勖勉我同人，敬慎将事，努力弗懈。今届抗战第五年代，胜利在望，而余病势将不起，特重言之。并愿我全社同人，痛感时会之艰难，责任之重大，本此方针，一致奋勉，务竟全功；尤宜随时注重健康，以积极精神，为国奋斗。至关于余子之教养，及家人之生计，相信余之契友必能为余谋之，余殊无所萦怀，不赘言。

证明者

于右任　陈布雷　甘乃光　萧撷瀛　王芸生
康心如　康心之　王陆一　陈博生　邵毓麟

王家曾　萧同兹　曹树铭　王玉珍　张陈孝侠

屈　武　王芸生　王籍田

笔记者

曹谷冰

（原载于 1941 年 9 月 7 日重庆版《大公报》）

第三辑

先声远去　永久纪念

# 向先生倾诉

张陈孝侠[*]

　　季鸾先生逝世，到今天已经整整的五年了。这是一个不长也不短的时间。在这五年间，世界国家以及我们的家庭，都起了剧烈的变化，只有我的一颗带了创伤的心，却无法再愉快起来。每当他的忌日，我的心总感到异常凄怆，好像有多少话要向他吐诉，又好像无话可说，总之我感到空虚，我感到我失掉了所有的一切。

　　我和季鸾先生结褵，是在民国二十三年的夏天，他的逝世是在民国三十年的今天。我们的家庭生活，仅仅短短的八年。在这八年间，正是国家多难的时期，也是季鸾先生以全部精力为国家、为事业努力的期间，所以我们的家庭生活并不若一般人所想象的幸福，我的生活几乎大部分是在辗转迁徙中度过。结婚不久，我们就搬到天津，阅年又来上海。本想在上海住下去的，不想次年即有"七七事变"，季鸾先生从此就更加

---

忙起来，而我们的家庭生活也就随之更加不安起来。记得是"八一三"的次日，敌人在上海发动了猛烈的攻势，用尽了一切近代的武器屠杀上海的民众。季鸾先生是新闻记者，关切国家危难，对于国事的注意，也超过常人。为了探听战事的情况，他几乎废寝忘食，为了报馆的事务，他甚至整整三天不曾回家。更想不到在"八一三"的第四天的早上，他便匆匆地回来，向我和他最心爱的刚满一月的镐儿告别，而踏上了赴汉口的旅途。当时敌机布满天空，交通已遭障碍，他冒着一切辛苦与危险，终于完成了他的目的。从这一件事情，我深深地受了感动，我不但不埋怨他，而且深深地体察到他对国家、对事业的忠诚。次年战区扩大，我又携镐儿迁居香港，过了一个极短时期的生活，便又到了重庆。到重庆后，因为气候及工作的关系，他的身体便渐渐地感到不能支持。但是事业和爱国的信念鼓舞着他，使他不但不愿意休息，而且更加紧地工作起来，那时他的精力几乎大部分是赖香烟支持的。每当更深夜静，一般人都早已入了睡乡的时候，他还用香烟激动他的精神，继续不断地工作。那时我虽然为他的身体担心，但是也无可奈何。为了事业、为了国家，我不应该过分阻止他工作。

想不到他的健康便因此而日趋恶劣，更想不到到了后来他的健康竟至不允许他继续工作下去。三十年五月，敌机狂炸重庆的时候，季鸾先生的健康已经十分恶劣，但是他还不肯放弃他的工作，他在养病之余，对于国事依旧非常关切。对报馆的言论还是随时提供意见。这种精神，是当时所有接近他的人都十分感动的。八月他遵医嘱进了中央医院，病况日渐险恶，所有的人都替他担心起来，而他的自信还十分坚强。每当

病况稍稍转佳的时候，还是以国事家事见询，他说等到战争结束以后，他要抽一个比较长的时间休养休养。我那时候也想像他那样为国家、为事业忠诚的人，一定会达到他应得的报酬的。想不到昊天不吊，他竟于入院后不到半月的九月六日弃我与他最心爱的镐儿而逝世了。想不到一个公忠爱国的季鸾先生、一个与抗战关系最密切的季鸾先生，竟不能看到最后胜利的来临。更想不到在最后胜利来临的今日，我竟一个人带着一个不满十龄的镐儿悄悄地来到上海，为他做五周的忌日。

季鸾先生不仅仅是一个典型的爱国者、事业家，而且是一位热情的朋友、好的丈夫与父亲。他对朋友的好处，已经深深地留在许多人的脑中，他对我和镐儿的印象是永远也不能从我的脑海中磨灭的。我和他虽然仅仅共同生活了短短的八年家庭生活，而且在这短短的八年中大部分时间是在迁徙流浪之中，但我敢说他是一个绝对爱家庭、负责任的丈夫。在他十分忙碌的时候，他没有忘记他的家庭，在他非常艰困的时候，他尽了他维护我们的最大努力。对于镐儿，他更是爱护备至。他常说镐儿的产生给了他精神上极大的鼓励。季鸾先生晚年的心境，于此可见一斑，而他爱护儿女的热肠也于此表现无遗。想不到他不及看到镐儿的成长，竟溘然长逝了。于今我又回到镐儿出生的地方，家里的一切陈设、院中的花草，依然如故。法国公园的梧桐，还是整整齐齐地排列在那里，镐儿亦渐渐成长起来，只有他却永远不再回来。

当我第一次再行踏入那故居的门里，当我带着镐儿再走入法国公园时，我真是有说不出来的痛苦。所谓景物依旧，人事全非，我深深地体验到这两句话中的意味。

　　由于季鸾先生留给许多朋友的友谊，以及他在事业上的努力与成就，在这五年中，我和镐儿的生活一直在季鸾先生生前友人的照拂之下得免特殊的困难。尤其是胡政之先生对我们的关照，是使我永远不能忘记的。这点温暖的友情，是我五年来唯一的安慰，同时也是使我无时不想到季鸾先生的原因。

（原载于 1946 年 9 月 6 日上海版《大公报》）

宁鸣而死，不默而生

# 念同学张季鸾君

王军余[*]

　　张君季鸾，和我由同乡而同学，向称知己。当彼此在青年时代，他对我的求知路线，曾蒙多方擘划与指导，因令我终身感佩，时时悼念！

　　我现年已届八十有二。距季鸾逝世，已二十一周年。兹为永志弗忘计，特将他的生平言行概况，凡我亲见亲闻者，略做叙述如下：

　　季鸾名炽章，笔名少白，为陕西榆林县张翘轩公次子，翘轩名楚林，系清光绪时名进士，曾任山东邹平、宁阳等县知县，善折狱，治盗有方，巡抚张曜奇其才，屡加保荐。

　　季鸾在山东诞生，少极聪颖，读书过目不忘，为翘轩公所钟爱，年来弱冠，四书便烂熟胸中，作文一挥而就，词意超群。翘轩公去世后，随眷返榆，就读田善堂先生私塾，榆人称为才子；旋赴省受业于名儒刘

　　* 王军余：陕西榆林人，国画家。

古愚先生门下，复由榆林当局保送住入三原宏道学堂，考试屡列前茅，为朱艾卿学宪所赏识；继由宏道学堂保送东洋留学，入早稻田大学，未久便能默念日文字典，知者无不惊奇。

清宣统时，君曾一度返榆，临行时，力劝我随往东京留学，以期发展，并谓"榆林地属边陲，风气闭塞，又无好的学校可住，青年多半守家在地，荒废终身，况且你的天资聪慧，留滞家乡，不很可惜吗？为地方开通风气，为社会革新事业，都是我们青年应负的大责任，幸勿迟疑自误，将来后悔莫及"云云。他的这一番美意的劝导，早已打动我的心扉，奈因家庭间对于远涉重洋，绝不同意，我当答应，容缓考虑，一俟筹得一笔学费后，即便登程，以步后尘。季鸾走后，随向家人设法恳求，幸而筹得现银三百两，迳自由津登轮赴日，并拍电通知季鸾。抵东京时，季鸾亲往车站，将我迎至他的寓所。清时初出国者，仍多蓄发辫，季鸾见而笑谓："你为革命而留学，要此赘物何用？"当取利剪，亲手为我剪掉。随为我介绍入同文暨川端画学校，后并劝我参加同盟会，兼协助组合《夏声》杂志，即早具革新中华之旨趣。季鸾的侄儿卓生，被携至东京，督促劝学，其鼓励后进，亦不遗余力。

武昌起义后，季鸾先我旬日返国，行前谓我道："这次起义，必获成功，我决意先行回沪，协助于右任先生，鼓吹革命思想，期早达成目的。"抵沪后，他便直入《民立报》馆，担任编辑。彼时该报为党人唯一言论机关，得君襄助，大有起色。民军进展之速，该报实与有力。尔时留东学生，都因学费来源隔绝，无心继续向学，纷纷相约返国，分途去往各地协助革命军。我亦率同张卓生等众，回沪加入黄复生组织的炸弹队，

秘密转往天津输送炸弹，正拟第二日起程间，忽闻南京克复，季鸾遂嘱我率同卓生等转赴南京严办理接收造币厂事宜。初入京时，看见街巷中，还堆满死尸。我同卓生，分任该厂保管主任，暨会计职务。不久南京即成立新政府，由参众两院，公举孙中山先生，为民国第一任大总统。总统对季鸾极信任，当被任为总统府秘书。总统就任的第一文告，即出自季鸾手笔。

总统就任的前一天，听说下令强迫剪发，肃清余孽。我乘坐厂内的黄包车，拟赴下关，沿途去看热闹。遽意一出厂门，一个警察便拉住我的车夫，要剪他的发辫。车夫当即跪地，恳我为他说情保留。我对此已是高兴之不暇，哪能说情，随呼警察说："不管他，剪了再说。"当见沿途剪发队，络绎不绝，街道上、火车中、江岸边，遇有垂辫者，无不立予剪去，尤其是乘船上岸的人，上一个，剪一个，其间有不愿遽为割爱者，则多跪地求免，也有手提断发垂泪而归者，也有摹顶长叹，或大笑者，种种现象，一时映入眼帘，煞是好看，且觉大快人心，一俟返回时，街上已尽光头了。抵下关时，街上忽遇季鸾，他笑着问我说："你今天看的剪发，是否和我前在东京与你剪的情形一样？"我当笑着答道："若不是你当初亲手强迫的话，说不定我还保留至今，才和这里的人们，一齐凑热闹地送掉哩！"季鸾随又说："这不是笑话，革命成功。就是由强迫来的，为的是除旧更新，旧的习惯，若不强迫革除，新的哪能会逐渐展开？以后进行步骤正多着呢，这才是开始的一件小事，望我辈不断地努力啊。"说罢，彼此分道归去。

未久，北京亦成立政府，中山先生旋即将总统位置，让给北京袁世凯。在此期间，陕西省亦已光复，我打算回陕，蒙季鸾君向于右任先生，为我筹得旅费，先后同阜生均返西安。阜生就任省立第一中学校长，我则创办陕西美术学校一所，除自任校长外，兼任各中学师范美术教员，从此便和季鸾又一度远别了。

民二，季鸾入北平，担任民立分报社总编辑，因宋教仁案，直言不讳，为袁世凯所忌，被捕入狱，备尝铁窗风味，出狱后，仍返沪，旋组《中华新报》。

民国十五年，赴天津，适逢旧《大公报》停刊已久。某日，君与吴达铨散步在天津街头，路过该报社门前，忽触动灵感，当指该社谓吴道："此报停刊是很可惜的，不如我们把它接过来，重新办理，岂不甚善？"吴对君亟信任，闻言当表赞同，并愿经济协助。就这几句简单的话，把该社交涉到手，并联合胡政之、吴达铨三人分主其事，择日开办起来，季鸾担任总编辑，每日时评社论，除请学者名流自由投稿外，其余悉由君自理，每届半夜时始发稿付印，旋因旧的印刷机出版迟滞，又向国外购回新式辗轮式机器一架，该报印刷机便捷明显，稿件资料，尤为新颖而翔实，论文且主张正义。声誉益隆，销路大为畅旺。驰名中外，此大半皆由君之心力所造成。

正在发展期间，忽逢"七七事变"，于是辗转迁移至沪，至港，至渝。民卅年春初，美国米苏里新闻学院赠《大公报》以荣誉奖章。君谓此章应移赠全国新闻界，其谦虚有如此者。君在报界垂三十年，最恶贿赂行为，当军阀互争时，有某公赠金万元，不受，又某公请其出任某部次长，亦遭拒绝，当时余适在座，询其何以固执乃尔？君笑谓："我在报界如

同守节，快到建牌坊的时期，岂肯半途失节？"其恬澹清高，又如此者。

直奉战争时，君于某晚匆匆自外归寓，对余曰："不得了啊！内战扩大至此，不知将何结局，我适在中原公司楼上，占了一课，虽说不要紧，然而时间延长，生灵涂炭，固成问题，一旦酿成重大外交，那就危险极了！"说罢，乃复言曰，"不得了啊！"其对国事忧心如焚，更非常人所能及。某年中央成立参政会，被政府聘为参政员，对国事尤多所擘划。

他平昔喜练拳术，且酷嗜研究昆曲，余在津时，每遇拳师、曲师出入其门，案头购置各种词曲不少。于右任先生曾于君五十寿时，赠诗有云："榆林张季子，五十更风流……"其兴趣风雅，尤可知其概略。

到晚年时，因原配高氏，尚无后嗣，由乃妹季珍之介绍，继取了一位年轻的太太，期续子嗣，后果不负众望，乃至五十岁时，终得一子，乳名招弟，殊戚快慰。所以季鸾在生前每对人乐道其生平的三大快事："一、为民元与孙大总统拟作就任第一文告。二、为美国米苏里大学新闻学院，赠《大公报》荣誉奖章。三、为五十得子。"

其孝行尤堪足述。民二十三年返榆，为其先太翁翘轩公庆百年阴寿，中外名流，均赠有祝词，并由苏州运回纪念石碑一座，系章太炎撰文，于右任书丹，苏州集宝斋刊石，一时号称三绝。外有李根源书的路碑文一纸，其追远孝思，尤非常人所可比拟。尔时各校纷请讲演，而君并请各生提案质疑，乃各生故出难题以询，然均被君随时答复，无不中肯，咸为惊服。同时见榆林贫寒子弟甚多，召集地方同人等筹募奖学金数千元，君首先捐银五百元，足证慷慨好义。榆林革新工厂，亦由君所创办，其为桑梓贡献不无小补。民二十九年，与余曾在西安盘桓数日，即乘机飞渝，不意从此一别，竟成永诀！

季鸾飞渝后，我则于民三十年间，以省政府咨议兼派为榆属民众督导委员，返榆工作。那时榆林境内，因连年灾荒颇重，地方各团体，请我拟电季鸾，转请中央救济，正待拍发间，忽闻报载，君于九月六日，因积劳在渝逝世！噩耗传来，痛惜殊深。

政府以其功在国家，明令移灵西安，公葬翠华山，陕北各界并请余设计建石碑于榆林城内莲花池畔，以为永久纪念。嗣又由地方人士，因扩大纪念前贤计，拟在榆筹设季鸾大学一所，借以培育青年，而资表扬。其生平所著论文，在《大公报》者，最为宏富，殁后由胡政之搜辑两厚册，题目：《季鸾文存》，"并序称为一时代之活历史，是一个文人论政的典型"，见者咸珍视之。国人至今犹称君与水利专家李仪祉（宜之），暨佛学大师印光，为陕西三杰，可谓确论。

（原载于台湾《传记文学》第 1 卷，第 7 期，第 41 ~ 42 页）

# 悼张季鸾先生

于右任 *

余视张季鸾先生疾，于其弥留也，见神志湛然，犹露英勇奋斗之色。因念国家正在万事艰苦中，胡为哭先生之死也？爰书所忆数事，以雪余哀，且告世之敬爱季鸾先生者。

记先生五十生日，余赠以诗云："榆林张季子，五十更风流。处处忙人事，时时念国仇。新声翻法曲，大笔卫神州。君莫论民主，同人尽白头。"先生初助余办《民立报》，英思卓识，天宇开张，三十年来交情，历历如昨。先生近岁喜昆曲，以大文开时代，故余诗及之。今悼先生淹忽，冷冷者希世之悲风乎！

先生十五之年，由山东还关中，其时咸阳刘古愚师，以大儒讲论经世之学，从学者众；味经书院罢讲后，见先生英异，因收之门下，约至礼泉九嵕山，居烟霞草堂，古愚师治通鉴通考甚精核，又刻欧阳公新五代史，先生得师承观览，故于国学朗然得条理，为文章亦如良史之绵密警策，而后来历办各报以至今日在《大公报》论述之成功，其留心经世学问，立言在天下，固早有所受之也。从古愚师诸同门中，年最少，学最勤，晚年所最得意之弟子，实唯先生尔。先生后游日本，一时陕西留学生中，亦唯先生年最少，而成就亦最可贵。

先生以新闻事业为终生事业，知人论世，触处留心，甚早即注意国际情势，与现代政治经济文化推嬗变迁之迹，而求其因素，测其趋向，故多年在论坛，言必有物有则，由指示同人，以至昭告举世，非无所积而能也。抗战以来，尤于立国大义，国防要端，大声疾呼，弥久弥奋。不自顾其穷，不自惜其病，不自恤其死，唯念念在国家，念念在职务，直至自己最后之一息！先生积三十年之奋斗，对国家有大贡献，对时代有大影响，其言论地位，在国家，在世界，并皆崇高。此一代报人，今竟于抗战未终胜利未届之际，撒手人天，当有无穷之憾恨。

世多知先生在《大公报》之努力与成就，而先生早年在北京、在上海，孤军苦斗者，亦自贞且久。帝制变前，先生在北京《民立报》，为宋案慷慨执言，利动而威怵之者，举不为主移易；袁世凯下先生于狱，迨三月后获释，北方天已寒，例给入狱时所着衣，先生则衣纱大褂而出，昂然还自己之天地间。抗战第二年，武汉撤兵之前数日，盖十月十一日，适为君癸丑在北京出狱二十五周年纪念，余时同在汉口，置酒为祝。因念往事，作双调折桂令曲为纪，云："危哉季子当年，洒泪桃源，不避艰难。恬淡文人，穷光记者，呕出心肝。吊民立余香馥郁，说袁家黑狱辛酸。到于今大战方酣，大笔增援；二十五周同君在此，纪念今天，庆

祝明天。"自谓能道出先生之精神志事也。

　　抗战以来，各地英勇明贤之记者，殉难殉业者多，自当永熟人类之馨香。先生疾非不可为，而必支离道路，身冒辛险，卒劳瘁为国家及所业而死。不肯转地，不肯自休。嗟乎！贤者息焉！先生心目中，永远有可爱之国家，可爱之领袖，与可爱之人类正义。先生绵绵之情，殆永远莫由自息。胜利在望，事业不朽，则悼先生而仍慰先生者亦正无疆矣！

　　　　　　　　　　（原载于1941年9月7日重庆版《大公报》）

# 一颗报界巨星的陨落

蒋荫恩[*]

　　百十个青年围坐在燕京大学临湖轩的大厅上，除掉阳光透过树叶射到地板上的一点闪烁外，空气静肃得几乎听到各人的呼吸，大家似乎在等待什么。忽然，门"呀"的一声，走进一个人，矮小、瘦弱，不使人感觉什么。坐下了，开口了，可不同哪，健谈、渊博、诚恳，而且精神焕发，态度闲逸。五十几分钟的话，大家听完了还想听。可是，门"呀"的一声，这位矮小、瘦弱的人，又走出去了。

　　这是我第一次看见季鸾先生。从此他的神逸、潇洒的风度，精诚风趣的谈话，就深深地刻画在我心上了。

　　季鸾先生是个富于热情的人，不论对事业、对朋友，都寄予无限的热情。他常说，做报是件吃力不讨好的事，如果报人自身对事业没有信仰和热情，是不会成功的，报也绝对做不好。这句话，我加入《大公报》

* 蒋荫恩：浙江慈溪人，著名新闻教育工作者，曾任桂林版《大公报》总编辑。

之初，在天津法租界报馆的会客室里，他对我说过，八个月前，我离港来桂时，在九龙雅兰亭大酒店里，他也曾叮咛过。还记得那是一个晴朗的下午，天气暖和得像春天一样，除掉季鸾先生和我以外，参加的还有港馆同事徐铸成君。我们坐在阳台上，左边是汪洋的海，右边是秀丽的山，他特别叫了三客午茶，一面吃茶抽烟，一面听他滔滔不绝地谈。他将如何处理一个报纸的言论和新闻，以及做报的人应该彻底明了的国内外大势，都解说得很详细，听他这一席话，真是胜读十年书。时间过了三小时，他丝毫没有倦意，我们倒有点不安，因为他那时正在养病呢。

季鸾先生写文章，通篇热情横溢，而用字造句则甚严谨。他常常对我们说，写文章立意固要不落俗套，而字句尤须推敲妥帖，绝不能留一点漏洞，而为他人所乘。他的文章就是这样无懈可击。近年来文字力求通俗，所以读来似乎平常，而要学他则不容易。

他对处理新闻的态度，是"正确"与"忠实"，而尤注重微小的地方。譬如说，一般报纸都用"汪精卫"，而他则主张用"汪兆铭"，因为对这种汉奸，应该直呼其名，而不用客气的。他看报很仔细，有不妥的地方，他随时予以指示；尤其每当国内外忽有突发的大事件时，他立刻会告诉你这件事的来龙去脉，以及如何处理新闻，如何撰述社评。想得快争知得多，尤其能把握大势，这是他的长处，而为人所不及的。

他这个人似乎是为了国家社会而生存，而完全忘了他自己的存在。一天到晚，他无论跟谁谈话，开口便是国家大事、国际问题，绝不涉及一句私人的事情。而且除了睡眠以外，他的脑子绝没有停止思索的时候，想的也都是国家大事、国际问题。甚至深夜睡在床上，忽然偶有所得，连忙披衣而起，搦管疾书，转眼便是一篇好文章。他不但想得快，而且想得多、想得到。有很多问题，在别人脑子里还没有影子，他已经注意到，专心地讲给你听，条理清楚，层次分明，如果你照着写下来，就是一篇好文章。所以在他指导之下，写文章不但得到许多便利，而且容易进步。

他干了三十几年的新闻记者生涯，也写了三十几年的文章，由清末而民国、由统一到抗战，他真是历尽世故的人，而他的文章在每个时代中也发生很大的影响。抗战以后，他时时刻刻希望中国的胜利。他唯一的理想，是中、美、英、苏四强的联合，共同制裁日本。最近四年来，他不断地鼓吹，虽然有时大局坏得和他的理想完全背道而驰，但他毫不灰心，还是鼓着满腔热情，继续用他的笔向各友邦陈述利害。本年六月二十二日德国攻苏以后，世界形势为之一变，中、美、英、苏四强合作的局面，已经形成，这在他是多年夙愿，一旦得偿，该是如何高兴！今年"七七"四周年大报那篇献词，是他的得意之作，只看末了那十一条口号，就可知道当时他写这篇文章时心情的兴奋。这是他最后一篇遗作，不久就病倒了。

他爱国家，甚于爱自己，所以连年虽在病中，但尚有一份力尽一份力，绝不偷闲偷懒。他的唯一愿望，就是能看到抗战胜利后的新中国，现在胜利虽然在望，但他却抵不过病魔的侵袭，而长眠不起了。然而，抗战是必胜的，他虽先胜利而死，却可以瞑目于地下！

季鸾先生为人宽厚宏大，轻财仗义，好朋友，爱青年，而且待人以诚，感人以真，毫无一点虚伪。今年一月在我离港来桂前，他住在九龙雅兰亭大酒店养病。雅兰亭西餐做得相当好，他不时召我去吃饭。吃的次数

太多，他怕我们不好意思再去，故意找出一些问题，借此叫我们去，结果还是吃了他的西餐。他说："你们就要到内地去，好的西餐是吃不到了，现在不妨在我这里痛痛快快地吃上几天。"他请客，你不能不去，也不能少吃，不去他就不高兴，少吃他也不喜欢。而且他是好热闹的人，愿意人人都和他亲近，他还想出方法来陪你玩。譬如晚饭时有谁说某一张片子好，他立刻提议去看电影，虽然他自己不大爱看电影，却愿乐在漆黑的场子里坐上两个钟头。我离港来桂前，他也在香港。一天下午满面笑容地走进编辑部，我们就知道他必定有事，果然还没坐下，就高兴地说："我告诉你们一个好消息，今天医生检查的结果，说我痰里已经没有菌了。"我们听了，也都高兴，认为他的肺疾渐渐转好，健康也可恢复。我们都劝他在香港多休养些时日，可是他一心惦着陪都，他说在香港什么也不知道，重庆生活纵然苦得多，与他的身体也不相宜，可是却不至于感到新闻窒息的痛苦。所以我走了，不久他也回重庆，这是他最后一次离开香港，也是我和他见面的最后一次。

本年一月四日，是我们离开香港的日子，一早他就由对海赶到轮船码头上送我们。人是那么多，事是那么忙，没有空闲来招待他，请他回去休息又不肯，在码头小客栈门首枯坐三四个小时，直到我们的船离开码头很远，他还拿着那顶褪了色的灰呢帽在向我们招手呢。

当我上船之前，对他说："季鸾先生，希望你能到桂林来玩。""我一定来，"他说，"不过时间说不定，大约要过了夏天。听说桂林馆里的地方很大，希望你们自己多种些青菜，到时我一定来吃。"

桂林版创刊以后，发展很快，他听了非常高兴，写信来，常提起来桂林小住的话，可是一来夏天到了，气候不相宜，二来七月以后他就病倒。一再迁延，这一份最新的事业，他竟没有亲眼看到，这个缺憾，是无法弥补的了。

这一颗报界的巨星是陨落了，但他的精神是永生永存，永远领着我们向前进。

香港德辅道码头上，我看到的那最后的慈祥笑容和鼓励青年奋发的热情，将永远印在我心头，永远，永远，……最后，我有一个建议，就是由《大公报》渝、港、桂三版同人即日发起，为季鸾先生募集一个奖学基金，同时联合季鸾先生的生前亲友，共同出力，一俟募集成数，再由各方面推举代表组织"纪念张季鸾先生奖学基金委员会"以负保管之责，并决定在国内著名大学新闻系中，设立一个或两个奖学金名额，使季鸾先生在报界奋斗三十余年的精神，得以永垂不朽！

1941 年 9 月 7 日

# 忆知己张季鸾先生

胡政之*

　　本报发刊于民国纪元前十年，系由满洲名宿英敛之先生（名华，即前北平市教育局局长、新任教育部社会教育司司长英千里先生之令尊）创办。因英先生系天主教徒，创办时，颇获教会之赞助。社址亦在旧法租界，故西文名字为 L.Impartial。在清季以敢言有声于时，辛亥革命后，英先生积劳成疾，报务多废弛。民国六年，我由英氏手接办两年，稍加整顿。民国八年因赴法国代表本报参加巴黎和会，民十年回国，辞去报务。继任者不得其人，卒于民国十五年一月一日停刊。是年夏，与张季鸾先生同旅天津，时我办"国闻通讯社"，而季鸾适无事，当偕过日租界旭街本报社址，为之感喟，因相约设法盘收复刊，吾等老友吴达铨先生相商，由其独任筹款之责，而我与季鸾分任经理与编辑事务，言论则由三人共同商讨意见，分任主撰。定议之时，并由三人签约三年之内，各人皆不

　　* 胡政之：四川成都人，民国初年著名记者之一，曾任《大公报》总经理。

得就有俸给之公职，而我与季鸾并应以劳力取得股权。议既定，由我凭中向旧股东王氏购得产权，由王佩之先生出面，号召旧工友，着手再开，是为本报复刊之经过。报于九月一日出版，即将此日作为社庆日，至今已达二十周年。

季鸾与我为三十年文章道义之交，二十年前今日，我两人虽分任经理、编辑，实际工作协同办理，不分界限。因报纸停刊已逾半年，一切等于新创，广告极少。最初半年间逐月赔累。幸达铨先生经营银行实业多年，富有经验，营业计划，赖其厘定。半年以后，即见好转。甫过一年，收支相抵，其间发行之推动，广告之招揽，赖佩之兄协赞，历尽艰难，渐达顺境。姑举一例言之，初复刊时，电影戏院广告，概不肯在本报刊登，不得已每晚派人在各院门首抄戏目，义务刊载，历时甚久，力能收费少许。长期广告，绝无仅有，一二银行银楼因情面关系，招来告白，每月所收每家刊费，不过二三十元。如此状况下而报纸销路意外发展，迅速扩充。起先同人计算，能在津市销三千份合平津两地能有五千之数，于愿已足。乃半年之间，已超过预期。

其所以能如此者，固由全体同人之努力，而吴、张两先生与我精诚合作，尤有重大关系。在复刊后五年间，中国政治军事情形，变更最多最大，余与季鸾于分任撰述之外，并须随时出外采访。在时局紧张时期，往往于深夜二时后得北平电话而抽换社评，另行撰稿。季鸾体质素弱，然通宵工作不厌不倦。他最健谈，深夜会客，俨成癖好。客去后捉笔疾书，工友立前待稿，写数百字辄付排，续稿待毕，而前文业已排竣，于是自校自改，通篇完成，各分段落，一气呵成，盖天才也。

季鸾为人，外和易而内刚正，与人交辄出肺腑相示，新知旧好，对之皆能言无不尽。而其与人亦能处处为人打算，所以很能得人信赖。采访所得，常可达到问题之症结。尤其生活兴趣极为广泛，无论任何场合，皆能参加深入，然而中有所主，却又决不轻于动摇。生活看起来似乎很随便，而实际负责认真，绝没有文人一般毛病。在编辑时往往为题目一字修改，绕室彷徨到半小时，重要社评无论他写的或我写的，都要反复检讨，一字不苟。重要新闻如排错一字，他可以顿足慨叹，终日不欢。这种精神实在应该为后来同人取法。中国人相来最不容易合作，而"文人相轻"，尤为"自古已然"；吴、张两位先生同我都是各有个性，都可说是文人，当结合之初，许多朋友都认为未必能够长久水乳，但是我们合作了多年，精诚友爱，出乎通常交谊，所以然者，各人都能尊重个性，也就能够发挥个性。吴先生长于计划，我们每有重大兴革，一定要尽量地问他的意见。我是负责经营，张先生绝对地信赖我，让我能够事权统一，放手办事。张先生长于交际，思想与文字都好，我们也都是尽量让他发挥他的能力。这样在互相尊重的中间，所以在二十年间，才能够由一个地方报办成一个全国性的报，而且在国际上多少得到一点地位。这都不是偶然侥幸的。

张先生同我两人，在报界都是科班出身，我们当过翻译、编辑、采访、撰述，一直没有离开过岗位。所以认识的国外同业，尤其是日本同业最多。因为我们都曾在日本读过书，对于日本事情，平常相当了解，为了职业的关系，同日本报界有二十年以上的接触，所以对于日本政治军事情形也不十分隔膜。在"九一八"前后，关于日本问题，我们发言最多。

日本人认为颇能抓到他的痒处，因此，对我们报特别重视。抗战实行以后，我们自己觉得责任负得更重，一切都抱了破釜沉舟的意志，主战到底。在天津感觉到战事威胁日益扩大，华北行将不保，于民国二十五年分一部分到沪。后来天津版于津沽沦陷时停刊，上海"八一三"战起，张先生即于"八一七"以带病之身赴汉，筹备汉口版。当时我送他走时，我说我们多年来预料中国对日一定要抗战，而抗战一定要牺牲毁灭；但是抗战之后一定能复兴，我们的报是与国家休戚相共的。汉口开馆，就是预备复兴，而上海报必然是毁灭的。愿意我兄领导复兴事业，而我在上海办毁灭的事。张先生多年想儿子，在"七七事变"前不久，士基世兄出世，多年希望，一旦达到，万分高兴，所以他到汉口后给我来信，情绪非常愉快，他说儿子已有了，以后要用全力在汉口办报，叫我放心。

的确一直到了上海报停刊了，王芸生先生到汉口以前，汉口版文章，皆由他一人执笔。可以说在民十五年最辛苦的一年。民二十七年香港版发刊，他到香港来，也是主持笔政，这时他身体已差，常常需要服药休息，每三五月总往来内地与香港一次，在汉在渝，均常有信给我，报告政治情形，使我虽在海外，仍能对时局保持密切接触。自汉馆撤退渝版发刊后，张先生精神更差，不大执笔，但重要问题，仍然发挥意见，供芸生兄参考。而每次飞到香港来时，身体非常疲乏时候，见到我，滔滔不绝谈国家大事，即阻止他亦不听。不但对私事不谈，即报馆社务欲同他商量，亦精神不属，要求我全权办理，他无意见。到民国三十年，我料定日本必攻香港，香港绝不能守，乃在桂林创刊《大公报》。张先生在初出版时，非常兴奋，来信说我们在十五年前合作办报，现在彼此都近垂暮之年，应该再

好好地合作一下。这时，不但访新闻打专电，还用"老兵"笔名写通信，对编辑版面常有信来批评。桂馆营业初很辛苦，他总安慰我。一再声明要为我分劳分忧。这时候敌人在重庆疯狂轰炸，天气也热，他的身体越发不支，但来信决不说及，还说他要到桂林看看报馆，而且还要到香港去代替我坐镇报馆。我在八月初接到曹谷冰先生电报，晓得张先生病重，急欲赶到重庆探视，但是飞机票订不到，有一次已经到了飞机场，因大水把机场淹了，飞机掠空而过，终于失败。后来不得不同李子宽先生乘邮车经公路前往，九月五日到筑，立即要重庆电话，询问病状，六日因换车停留一日，晚间即接重庆噩耗，三十余年患难至交从此永诀！宁不伤心？！

人生得一知己，最不容易。我因作报认识的人遍海内外，但如张先生交谊者实在太少！他的道德文章、处世技术，一切都在我以上。我本来希望他能领导本社复兴，想不到先我而去了，这么一个艰巨的工作，仍临在我的肩上。每次想到，常觉伤感而惶惧。所幸《大公报》是一个团体事业，过去依仗许多干部同人协同努力，今后仍然希望新旧同人本张先生为人办事精神，大家共同负起复兴的责任。要这样不但我可以对得起张先生，大家同人也可以对得起张先生。至于张先生生平，不事生计，他的遗属生活餐食，一切本社都要负责照料，这又是我们愿向社会报告的。

（原载于 1946 年 9 月 6 日天津版《大公报》）

# 不求名而名至

重庆《大公报》社评

中华民国三十年九月六日上午四时，本报主笔张季鸾先生逝世于重庆中央医院，此在本报为塌天之祸事，在国家亦为巨大之损失。

先生为本报创办人之一，十五年来始终主持笔政，先生之于本报业实一而二，二而一，精神事业，两不可分。本报同人与先生或为三十余年之契友，少亦十年左右之同事，兹于先生之逝，事业失所领率，同人丧其导师，悲痛曷极！先生一代报人，遽尔殂谢，识与不识，莫不同悲，本报同人岂可无一言以述哀思？

先生从事报业，历三十年，自辛亥归国，历任《民立报》《中华新报》《民信日报》之笔政，自民国十五年接办本报，以迄于今。先生一生志趣在新闻事业，以做报为终生事业，故立志不做官。先生曾于民初拒受国会议员之选，接办本报之时，复与本报总经理胡政之先生相约不做官。此非故为清高，殆师太史公"戴盆何能望天"之意，盖新闻记者之言论

记载，皆政治范围内事，若身亲政治，即失立言自由。先生之志如此，综其一生事业，除民元曾一度任临时大总统孙公之秘书及民三曾一度任教中国公学外，三十年来，始终做报，彻底做到终身做报之志。

先生之视报业，一非政治阶梯，亦非营利机关，乃为文人论政而设，而个人则以国士自许。先生为十足之文人，而其言论行谊，则有国士风。先生之学问见识，高人一等；而热情忠悃，常流笔端。先生尝言：报人之天职，曰忠、曰勇。忠即忠于主张，勇则勇于发表。忠勇二字，本做人行事之本，先生引为报人天职，故先生之主张能忠贞不贰，发表亦少所禁忌。先生文章之影响大，感人深，胥由忠勇二字得来。先生壮年做报，赞襄革命，民立、中华诸报，在开国史上皆著芬芳，其触袁入狱之一页奋斗史，尤足见其忠勇之大节。民十五接办本报时，正国民革命军誓师北上之时，本报设在张宗昌治下之天津，而先生富论斥军阀虐政，促国运统一，故尝时本报有"坐北朝南"之目。国民政府统一全国后，指摘内讧，鞭挞时政，亦曾数忤政府，而先生之主张则屹然不变。国难既作，御侮为先。自"九一八事变"起，迄今十年矣。先生忧国心深，爱国情切，知非维护国家统一，树立国家中心，不足以御侮复土。保定匡庐，两访蒋公，抵掌谈天下事，知唯蒋公足任国家之重，故决心拥护，以图兴复。国人读报，有一传统错误，即以攻击政府为敢言，以放言丑诋为痛快；国难以来，少数读者于先生言论每有不谅，甚且曲为揣测，而不知先生之维护国家中心，以利复兴大计，固国士之用心也。先生之所是，斧钺之威不能变，及其非之也，尤非庸俗之毁誉所能描。是即其忠勇表现于言论者。

先生尝对同人言：新闻记者不为威胁易，不为利诱亦易，唯不为名惑最难。先生言论终身，初期仅署别号，接办本报后文章概不署名。社评不署名制，虽不始自本报，却自本报使此制成为典型。不署名制，于立言便利且有力，盖以其代表全社，自较个人为重，亦寓个人不求名之意。然先生不求名，而名满天下，此殆非躁急之士所解矣。事先生不为名惑之训，不仅不出风头不骛浮誉之谓，尤有与流俗作战而准备失败之积极精神。先生尝以"不望成功，准备失败"八个字为报纸之秘诀。报纸失败有两种可能：一为与政府或当地官厅冲突结果而失败，一为与社会空气冲突致销路跌落而失败。前者系不为威胁易，后者系不为名惑则难。忆"九一八事变"后，平津沪学生大举入京，请愿宣战，同业亦盛倡是说。先生审知国家毫无准备，不可宣战，而宣战之主张又极合理，倘反对宣战，恐为社会空气所不容，而先生宁牺牲报纸之销路与名望，著论力驳宣战之议，谓战则必须战到底，绝非一战所能了事。此为一例。又当二十六年末，上海既陷，敌逼南京，陶德曼奔走调停，和战不决，危疑震撼，先生在本报汉口版发表《最低调的和战论》一文，力言和局之不可保，只有继续抗战之一途。该文一出，空气澄清，群疑一扫。先生之言，故由于睿智聪明，而敢于如此主张，亦不怕与社会空气冲突而不借报纸失败之勇气使然也。

先生以一身系国家三十年舆论之重，继往开来，堪当中国报界之一代大师。于右任先生谓："先生积三十年之奋斗，对国家有大贡献，对时代有大影响，其言论地位，在国家，在世界，并皆崇高。"先生何以能达此境界？同人以为其最高兴趣与最低享受实造成之。报人生活，原极辛苦，而先生乐此不疲，实靠其最高兴趣维持。先生于新闻事业永远

兴趣盎然，环境之艰，生活之苦，举不足以阻之。先生三十年做报，无时不在奋斗。此所谓奋斗，不特与环境战，最可痛者，乃耗损其躯体。先生体素瘦弱，民二十三春初患肺疾，医嘱长期休养，先生不忍恝置所业，仍以弱体支持本报笔政。抗战军兴，沪战继作，先生知淞沪之必不守，决定增出汉口版，以树立战时言论之中枢。先生于"八一三"后四日，仅率两位同人，冒险离沪，在敌机不时威胁下，舟车毛驴，病不辍行，兼程抵汉，于是年九一八创刊本报汉口版。自是经年，先生如一沙场老将，独立主持汉口笔政。彼一时期，国家大局最震撼，为本报言论最系国家重轻之时，而先生亦最劳瘁。自二十七年冬来重庆后，先生之疾，时发时愈，而仍往返渝港，指导两版言论，竟无休养之暇。

近月疾作，病榻缠绵，犹不时指示本报之言论方针，明知有违医嘱静养之旨，而不能自己。及至病已不起，侍者不敢进报纸，犹不时以时局情况见询。弥留之际，言不及私，唯谆谆以"敬慎将事，努力弗懈"勖勉同人。呜呼！鞠躬尽瘁，死而后已，先生有之矣！

先生成就之大，不徒文章名世，而其人格性情实为基本。先生性格潇洒，有蔼然仁者之风，而所守不渝，故贞亮冠世。先生交友遍天下，上自名公巨卿，下至贩夫走卒，无不乐于先生为友，而深契生死者，更仆难数。先生不求名而名至，但从不以其成就自骄，时时以扶持弱小同业为念，而尤以奖掖后进为乐。先生所起草之《中国新闻学会宣言》有云："在过去半世纪内忧外患丛集之中，其能久于斯业显露头角者，实极少数，大抵困顿饥寒，消磨壮志，怀才莫伸，茬苒老死，今日之吾业青年大群，盖已不知其第几代矣！"其悲悯同情慈祥恺悌之怀，跃然纸上。先生之人格修养如此，故能掌一代论坛，而从无一人与先生结私怨，亦甚少人不谅解先生之用心。先生言论风采，为世所重，虽在敌国，亦敬畏之。先生接办本报之初，馆址在天津日本租界，而纵论日本事，不稍避忌，于"济南惨案"及"九一八事变"时，批评日本，不稍假借，亦从未受日人之干涉。日人器识素小，而于先生独知敬重，此非谓日人明达，乃先生之人格声光有以慑之。抗战以来，本报维护国策，诛斥敌伪，不遗余力，敌人虽恨《大公报》刺骨，因知先生执笔，特重视之。先生成就之宏、影响之大，此其一斑。

先生一生，做人无缺陷，成就迈前贤，今日瞑目，毫无遗憾；唯国家尚须此老发言，本报同人尤须先生领导，而先生竟撒手归去矣！先生近年主持抗战言论，而不及见胜利之完成，此真千古遗恨！本报同人因念先生言论对抗建关系之大，决为先生建一永久墓园于重庆，俾此时此地此人，永为国族之遗念。同人不敏，愿绍先生之遗志，效忠言论报国之事，而不坠《大公报》之令誉。呜呼！同人之所以慰先生报先生者，亦唯此矣！亦唯此矣！

（原载于 1941 年 9 月 8 日重庆版《大公报》）

# 《大公报》社公祭祭文

唯中华民国三十年九月十五日，同社弟胡霖会同本社全体同人谨以谓酌素馐、香花鲜果之属，设位于重庆大公报馆致祭于本社故常务董事、总编辑张季鸾先生之灵而为之辞曰：

呜呼！先生垂死，犹自信其不死，同人则坚信本社事业赖先精神之护持，将如松柏之长青，故先生虽死而犹生。忆昔先生早参"民立""少白"知名，"中华""民信"，椽笔纵横。顾以独力之支撑，虽尝蜚声腾誉，所事则迄动荡而无所成，不特无以展其襟抱，甚且无以赡其家而安其生。迨至民国十五年，税驾津沽，集合吴胡，本其宿志，复刊大公，以国士之合作，为集体的经营，一心一德，必公必诚，商榷国是，探讨舆情，深宵聚议，午夜成文。文虽多出先生之手，其主张与政见，则实三人公意之结晶。追唯先生秉性和平，贞不绝俗，内有守而卓然有以异乎群伦。"事业前进，个人后退"，此本社之信条，实先生所造诣。其对同事，则亲爱精诚，互助互信，对后进，则提携诱掖，名不独享。故与先生相接者，咸若春风之风人。先生虽驰誉中外，实不汲汲求名；所交多达官贵人，而终身所以自处者，宁为一纯洁淡泊的报人。本报社评向不署名，先生撰文从不留稿，清谈虽语惊四座，公开讲演则从不一临。盖其自视常俨然有所不足，决不沾沾于浮世之虚声。又正唯其不自炫而名乃益盛，于以见公道之在人。先生天才卓越，文思横溢，目光如炬，观察敏锐而深刻，其于国际政治，尤其敌国政情，检讨精审，阅读极勤，虽在旅中钻研不辍。近年所以能一文出而倾动世界者，盖其蓄之厚故能言之精而当；顾先生从未尝以此一示骄矜之色，益以见其襟怀之大而且深。先生一生自奉俭约，而生活趣味方面殊广。提挈奖进，遍及各界。十年以来，酷嗜度曲，酒酣耳热，引吭高歌，意兴之豪，青年不逮。同人居恒以先生之病弱为虑，然一见先生兴趣之佳，则又窃幸其为寿征，顾安知忽视健康之结果，终殒厥身。先生谋国之忠，本于天赋，爱人之诚，出于良能。自其执笔论政，从不或存私心，胶执成见，而与人为善之美德，更允符于古人温柔敦厚之旨。故本报向不攻人隐私，更不于失败者深文诛求，落井下石，所谓得其情则哀矜而勿喜者，宁失之宽仁，而不敢助长末世浅薄刻毒之习。先生尝谓：唯大乃能公，故其自处处人，一以恢宏仁厚为本。此其忠厚之个性，反映于文字，成为本社之一不成文法。而本报十五年来谬博虚名，迄能赖多数之同情，以免于毁灭者，于此亦不无关系。同人窃愿服膺遗教，永矢弗谖。本社乃书生之集合，虽属营业性质，绝非牟利本位。所爱者为国家民族，所望者为统一强盛。自十五年本报在津复刊之日，同人公决主旨，标揭"不盲不卖"，拳拳共守，罔敢或易。回忆复刊以还，国家迭更事变，本社几历艰危，中间不但政治上常遭危害，在社会亦曾屡受胁迫。其著者如"九一八"后舆情激昂，众论兴奋，爱国青年有以

本报不主对日宣战而以炸弹相饷者，当时先生与同人商榷，认为时机未至，不忍以高论媚俗，始终主张持重，宁一时自损营业，在所不顾。此种精神在本社亦为"社是"之一。近年虽业务扩张，起自陪都，远达岭表，销行区域，布满自由中国，然同人仍旧有随时失败之准备。此点先生曾于五月米苏里奖章祝贺会中公开言及。此种悠久之信条，正以见本社决不同于通常之营利企业，同人愿在此日共申誓约，以慰先生。总之，先生平居所举与同人相勖勉者，一为有团体而无个人；二为有公是公非而无私见成见；三为不求利，更不宜过于沽名；四为不苟同亦不必故示立异。要其立言纪事取舍赞否之际，应一以国家社会公众之利害与公遭正义所在为衡。故新闻记者只许有错误的过失，不容有故意的罪恶。凡此一贯的精神，同人必当慎守而不懈。抑先生三十年之艰难成就，尤在树立报人人格，创造新闻道德，平居议论，决不愿报馆事业因个人之死亡退休而或有摇动。其于林白水，邵飘萍诸先生之身死而报亡者，每致惋惜。同人于此自当益本创立初衷，体念亡友遗志，愈加努力，继续奋斗，使张季鸾与《大公报》融为一体，永远健在，常为国家民族尽其职责。

本社机构兹已加强组织，期以昭示先生不死。爰于社祭之日，宣告新机构成立。今后干部同人弥感责任重大，新旧社员团结应益坚固，但求一心一德，发皇先生之素志，唯先生在天之灵其善护之。含泪掬诚，伏维冥察，尚飨。

（原载于 1941 年 9 月 16 日重庆版《大公报》）

# 张季鸾先生哀辞

康心之

　　呜呼，季鸾先生死矣！回忆三十年前，余自成都赴日本读书，道出上海，以先长兄心孚先生之介，得识先生。滞留经旬，朝夕过从。洎余买舟东渡，先生以余初涉仕途，不谙东语，与先兄心孚及张君重民送余"春日丸"上，殷勤叮嘱，珍重握别，追怀往事，犹在目前，而先兄心孚与张君重民，均已先后物化，先生今又死矣，能勿悲乎？

　　民国二年秋，余归上海，适赣皖兵兴，先生以主持北京《民立报》事，被逮入狱，几遭不测。先兄心孚北上营救，聿得于是年双十节之翌日，恢复自由，相偕南归。及抵余家，握手欷歔不已。每晤，辄道狱中故事，时闻而惊，时闻而愤，先生写《铁窗百日记》，以志其事，揭载《雅言月刊》，先生文集中，此殆为重要之文献也。先生出狱后，专心研讨国际问题，曾为《独立周报》《雅宫月刊》写文或译述。第一次欧战爆发之际，欧洲形势了如指掌，颇得社会人士之好评。当先生在日本求学时，已为《民

立报》写通信，并主编《夏声》杂志。《夏声》者，吾陕留学生出版物也，笔名用"一苇"二字。三十余年来，此笔名犹常见也，故当先生青年时代，已有青年作者之称。嗣入《民立报》社，任编辑，因于右任先生之启迪，献身新闻界之志愿益坚定。（先生在米苏里大学荣誉奖章庆祝大会演说语）民国四年，在沪任《中华新报》编辑，事权不属，不能展其抱负，遂与曾通一、朱民、康心如诸君创办《民信日报》，张先生任总编辑，反对帝制甚烈，著论声讨，南方诸军多为所动。袁世凯不得已取消帝制，旋亦暴死，先生以目的既达，自动停刊。翌年北上，又与心如家兄接办北京《中华新报》，并邀周太玄诸人为助，因载胶济路向倭寇抵借二千万元密约事，触怒徐树铮，北京七报馆与何仲勇主持之"新闻编译社"同时封闭。先生及心如兄均被逮捕，事虽得解，而北京《中华新报》永为历史上之名词矣。自此以后，先生潦倒沪上，典质俱空，虽有劝以通权达变者，先生终不为动，其志弥坚。时余执教北平，北来必至余家；香山之夜月，碧云之松声，迄今未尝忘怀！方期胜利在握，旧地重游，每与论及，兴奋万分，余虽后死，兴趣索然！时余年齿较幼，更事无多，每有过失，辄相规勉，辞令之巧善，态度之和蔼，受者心悦诚服，于不知觉间，受其感召。

民国十五年，先生与吴达铨、胡政之两君接办天津《大公报》，持论精审，见重于世。余每至津，必至报馆相晤，纵谈终夜，娓娓不倦。见其治事之勤苦，文章道德之日进，令人肃然起敬。二十四年春，先生入蜀，偕游成都各地，登青城之蜂，览缙云之胜，而今山水依旧，游者已非，言念及此，悲痛益深！国府西迁，《大公报》移来重庆，先生以溽暑长征，触发旧疾，医者力劝静养，而先生以国家民族正当严重关头之际，非个人冥安静养之时，不计利害，扶病支持。二十八年夏，肺疾益剧，遂移南郊汪山静养。风景佳丽，青松满山，于肺病最为相宜，先生极喜其地，如能长期休养，自可渐痊，而先生关怀国事，勇于负责，病愈入城工作，病发回山疗养，或在酷暑寒冬，往来港渝间，固未念及为病人也。虽在病中，辄见其握管为文，兴到之处，呼余畅谈，谈后复又写文，故先生之文，余尝先见之，劝其节劳，颔首而已。故先生之死，与卫国勇士爱国烈士之忠勇无殊，而先生之笔，则非一二勇士烈士之功绩所能企及。且先生持身谨严，不尚虚荣，三十年如一日，尤堪称道。尝见某君以万元为先生寿，适先生正在窘乡中，竟婉拒之，此类事件，余知之甚伙，有为先生事后谈话中得之者，有为友人道及者，先生至好中，多能言之。至先生私生活，极为简单朴素。以先生今日之地位，虽稍享乐，亦未为过，而先生简朴如故！友人尝谓，"季鸾先生容易满足"，盖以从未见其因物质之享受，而表示不满也。先生致力于新闻业者，凡三十年，松柏为心，淡泊为怀，岂仅为我新闻界同人之楷模，足为千古做人之模范。惜先生之志未竟，中道病殂，诚为国家重大之损失，非独私情之悲痛！先生之身虽死，先生之精神永存，而先生之事业将日见其发扬光大，亦可以慰先生于九泉矣！

（原载于 1941 年 9 月 8 日重庆版《大公报》）

# 季鸾先生对报业的贡献

重庆《新华日报》短评

　　《大公报》故总编辑张季鸾先生，报业同人已决定公弊，今天则为举行公祭之日。这是说明大家认为季鸾先生对新闻事业有其不可磨灭的贡献。

　　先生之足为报人楷模，在其不以办报为猎官捷径，自誓终生不做官。这种视办报为终生事业的精神确是值得钦敬的，然这不是说办报能超然于政治之外，而是说其坚持一种政治立场，通过言论以推动政治。先生的立场则为团结御侮，跻中国于民主国家之林。他这种政治主张，表现在言论上始终很明确。这是他所以蜚声海外的原因。

　　先生曾以"准备失败为其办报秘诀"昭示同人，是有他的道理的。这正是说明他对自己的政治立场坚持不渝。然这也不是说办报可以不顾社会的要求、国家的利益。恰恰相反，他所坚持的那个政治立场，正是代表他的社会观念与国家观念。我们细读先生领导下十多年来的言论，可以找到这样一个贯彻始终的观念。

忠于自己的立场，忠于自己的事业，这就是先生对新闻界的贡献。

（原载于 1941 年 9 月 26 日《新华日报》）

宁鸣而死，不默而生

# 缅怀张季鸾先生

胡景通[*]

我怀着崇敬的心情，纪念张季鸾先生。

季鸾先生又名炽章，幼年在国内读书时，因聪颖过人，即被誉为"神童"。在季鸾先生生前，我和他见过两次面，第一次是民国十八年，我由陕西同乡米脂人高协和先生介绍在天津相见，由于季鸾先生和我先大兄胡景翼生前的亲密友好关系，虽然初次见面，但对我并非泛泛应酬，而是诚恳交谈。我记得先生当时勉励我说："听说你已在军队中干过几年了，也有一定阅历，但为什么没干好，还不是因为没有军事上的深造！你现在准备去日本进士官学校，这很好。日本虽然对我国来讲是侵略者。如不久前日本军方借口保护侨民而竟然出兵强占我国济南的所谓'五三惨案'，这实际是明目张胆地支持奉系军阀直鲁联军，阻挠国民革命军北伐的。但人家国家自从明治维新以后，励精图治，在许多方面都比我

---

　　*　胡景通：陕西富平人，现任陕西省政协副主席。

212

们先进。你既然要东渡日本，就应该下决心学习人家的长处。"同时，他还勉励我，要我继承先大兄的遗志，勿忘其终生打倒帝国主义，誓雪国耻，富强中华的雄心壮志。再一次见面，是发生了"九一八事变"，我从日本退学回国抗日，应陕北驻军井岳秀师长相邀，参加了他的部队。这时，恰逢季鸾先生回到榆林为其父扫墓树碑。我们见面后，他并未责备我中途辍学，而是勉励我应竭力协助崧生先生（岳秀又名）好好训练军队，以防日军大规模侵犯，并说，内蒙古自治区以及毗连内蒙古的陕北地区都是日垂涎必争之地。先生进一步鼓励我说："知道你们胡氏弟兄向来都是忧国忧民的，在此国难当头之际，而耻于做亡国奴的。而且一定会效命疆场，为保卫国土而战。"时至今日，这些话我还记得清清楚楚。

中华人民共和国成立不久，我就参加了陕西省的文史资料工作，又经常接触、学习、参考各方面出版的有关资料，从而进一步了解和认识到季鸾先生不只是一般报人，不只是人们所谓的一位文质彬彬的文人才子。而且还是一位不断追求进步的爱国者。如在我先大兄胡景翼和冯玉祥、孙岳两将军发动北京政变推翻曹锟、吴佩孚贿选政府时，季鸾先生曾直接积极参与策划。当先大兄率国民二军进入河南，与镇嵩军的刘（镇华）憨（玉琨）发生战争前夕，先生利用多方关系，秘密劝阻奉系直隶督办李景林不支持刘、憨，以减少胡部侧背威胁，而由李景林向奉张（作霖）申明"一时准备不及，我部一动，必须要引起冯玉祥部援胡的战争"来做按兵不动的搪塞，又商之胡景翼，敦请当时负有盛名的于右任先生专程去沈阳为张作霖祝寿，而使奉（张作霖）、晋（阎锡山）、陕（刘镇

华）的暗中三角同盟瓦解。这等等都是季鸾先生为国民革命所做的贡献。

季鸾先生在日本求学时，就参加了同盟会，以后和回陕主持同盟会的井勿幕先生都是紧跟孙中山先生的先进分子。就在民国十三年国民党改组后，他也无条件地支持和拥护孙中山先生的三大政策（联俄、联共、扶助农工）。在蒋介石当政的南京政府时代，季鸾先生主办的《大公报》，重要社论和评论文章多是先生亲自撰稿，他的言论也是力主对日抗战，维护国内团结的。因此，张季鸾先生既是报人，又是民主革命家，同时还是一位真诚的爱国主义者。在纪念季鸾先生逝世五十周年之时，我仅追忆自己亲历的往事，来表达我对张季鸾先生的深切怀念！

附 录

# 年　谱

牛　济

张季鸾，名炽章，以字行，陕西省榆林市人。曾用笔名有少白、一苇、榆民、慕刘、老兵、记者等。他是著名的中国近代资产阶级报刊政论家和中国新闻界新闻自由的倡导者。他与国民党元老、书法大师于右任，水利科学家李仪祉被誉为"陕西三杰"。

榆林是陕北重镇，它东扼雁朔，西连甘宁，南蔽秦陇，北接河套，地理位置十分重要，是历代兵家必争之地。秦将蒙恬和太子扶苏曾在这里经略边备和修筑长城。西汉李广曾和匈奴多次作战，将匈奴逐出上郡。及明犹列为九边，故人多习武。张季鸾先世皆处武职，系陕西省米脂县人，明嘉靖年间一位祖先来榆林卫从军，转战阵亡，这一支遂入榆林籍。其曾祖锡绂、祖父廷扬以力行称。

张季鸾父楚林公，字翘轩，同治九年（1870）庚午陕西乡试中单人，光绪三年（1877）丁丑会试成进士，以知县分发山东，先后在汶上、平度、曲阜、邹平、宁阳等地任职，巡抚张曜。李秉衡奇其才，并重之。张季鸾父一世清廉刚直，在山东二十四年，曾两次被革职，居官仅六七年，终不得大用。

张季鸾母王氏，是继配，山东省沂水县人，是一位极慈祥温和的女性。

张季鸾弟兄四人：焕章、炳章、灿章系异母所出，张季鸾排行最末。

张季鸾还有姊妹四人：长适方，次殇，次殇，次适李。

张季鸾原配夫人高芸轩，系榆林城内大家闺秀。继娶陈孝侠女士。

张季鸾子士基，乳名招弟、镐儿，系陈孝侠女士所出，现在香港业商。

### 1888 年（光绪十四年）　一岁

3 月 20 日（阴历二月初八日），张季鸾诞生于山东省邹平县。时张季鸾父楚林公任邹平县知县。

### 1892 年（光绪十八年）　五岁

7 月 17 日（阴历六月二十四日），张季鸾胞妹张季珍出生，后适李仪祉胞兄李约社。

### 1901 年（光绪二十七年）　十四岁

初（阴历光绪二十六年十二月），张季鸾父楚林公病殁于济南。得讣之后，张季鸾即日自宁阳前往济南奔丧。

冬，张季鸾母王氏偕张季鸾和两个妹妹到沂水拜别外祖父母，母子四人千里迢迢扶灵柩回籍，一路历尽千辛万苦。

### 1902 年（光绪二十八年）　十五岁

初，张季鸾在榆林从名儒田善堂先生就读，熟谙《四书》《五经》，乃至《国策》《国语》等，延榆绥道陈兆璜颇赏识他的文采，怜其贫，召之入署，命与子陈燮共读。张季鸾与陈燮交游颇为融洽，始"知吾省有大师刘古愚先生，企仰甚"。

6 月 17 日，满族人英敛之在天津创办《大公报》。该报提倡维新改良，主张保皇立宪，反对激烈革命，是保皇派报刊宣传工作的一个重要的方面军，在北方，其政治影响极大。

秋，延榆绥道陈兆璜解任，张季鸾奉母命，偕陈燮前往关学大师刘光蕡（字焕堂，号古愚）在礼泉县九嵕山下主持的"复豳学舍"，即"烟霞草堂"就学。在刘光蕡的亲自指点下，张季鸾博览群书，学业大有长进。他喜读《明鉴》《文献通考》，并抄读《通考序》和《方舆纪要序》等典籍著作，"故于国学朗然得条理，为文章亦如良史之绵密警策""其留心经世学问，立言在天下，固早有所受之也"，这为他后来从事新闻报刊事业奠定了坚实的基础。张季鸾是"从古愚师诸同门中，年最少，学最勤，晚年所最得意弟子"。

冬，陕甘总督崧蕃邀请刘光蕡前往兰州就任甘肃省大学堂总教习之职。当时，门人争欲同行，而刘光蕡于王君章之外，特许张季鸾随侍，令代为抄书，张季鸾欣然敬诺。"及请训先慈，则是冬三舍妹夭亡，伤感甚，乃止礼泉"。终未随刘光蕡入陇。

### 1903 年（光绪二十九年）　十六岁

春，刘光蒉自礼泉前往兰州就任。送别前一日，张季鸾等与刘光蒉畅谈通宵达旦。启行时，"攀辕长揖奉别""堕泪潸然"。张季鸾遂转入三原宏道学堂学习。

9 月，刘光蒉病逝于兰州，终年六十一岁。

冬，刘光蒉灵榇奉移归陕，门人会葬于咸阳天阁村，张季鸾专程前往吊唁。

### 1904 年（光绪三十年）　十七岁

春，张季鸾母王氏病逝，享年三十七岁。张季鸾到校两月，即接到讣闻，遂由三原宏道学堂回籍奔丧。后事料理完毕，又强忍悲恸之情，继续刻苦求学。

5 月 6 日，于右任著《半哭半笑楼诗草》，中多讥议时政，且有"爱自由如发妻，换太平以颈血"以及"革命方能不自囚"等激烈词句和革命排满思想，被三原县知县德锐密告陕西巡抚升允，指为革命党。升允即以"逆竖昌言革命，大逆不道，请旨斥革查拿究办，以遏乱萌"入奏，指控于右任："其自号曰铁罗汉，其自比曰谭嗣同，其词意则语语革命，语语劝为叛逆。"5 月 18 日，清廷颁布谕令，以"昌言革命，刊布逆诗"，斥革陕西三原县举人于右任，并通缉拿办。时于右任已赴开封应礼部试，闻讯后，易名刘学裕，亡命上海。

**1905 年（光绪三十一年） 十八岁**

9 月，陕西当局派遣官费生留学日本，拟定名额三十四人，其中三原宏道学堂、省城关中大学堂和陕西师范学堂选拔学生三十一人，商州、凤翔等处学生三人。张季鸾以优异成绩入选，且年龄最小。官费生每人学费、宿膳等每年需银三百两。另外，同时赴日留学的学生还有陕西宦籍子弟，自备资斧的私费生十七人，并聘请四川举人徐炯充任陕西留日学生监督。这是清末陕西当局派遣留学生人数最多的一次。

10 月 5 日，陕西布政使樊增祥在省城湖广会馆举行公宴，欢送留日学生。

10 月 6 日，陕西留日学生监督徐炯率陕西官、私费留日学生，由陕西取道郑州、汉口，然后乘江轮东下上海，前往日本。临行时，陕西布政使樊增祥撰拟一篇送行序，送别于灞桥之上。

**1906 年（光绪三十二年） 十九岁**

秋，陕西留日学生在东京成立"同盟会陕西分会"，张季鸾经井勿幕和赵世钰等人介绍，首批加入同盟会，投身于资产阶级民主革命运动的行列。

**1907 年（光绪三十三年） 二十岁**

8 月 26 日，在同盟会陕西分会的倡议下，陕西留日学生同乡会召集在东京的陕西、甘肃两省留学生共同创办《秦陇》杂志,由党积龄、郗朝俊、高又尼等主编,因故仅出一期即停刊。

### 1908 年（光绪三十四年）　二十一岁

2 月 2 日,陕西、甘肃留日学生范振绪、谭焕章、郗朝俊、党积龄、崔云松等以《秦陇》志为基础,在东京创办《关陇》杂志,月刊。4 月 15 日,出至第三期后停刊。

2 月 26 日,陕西留日学生杨铭源、赵世钰等在东京创办《夏声》杂志,月刊。翌年 9 月 26 日,出至第九期后停刊。前后时间达一年零七个月,是北方诸省留日学生创办刊物中时间最长的一家。《夏声》杂志是同盟会陕西分会进行资产阶级革命活动的一个重要基地。张季鸾应邀担任该杂志编辑,并以"少白""一苇"等笔名积极为这个刊物撰稿,除了第三、八、九期外,每期《夏声》都有他的文章,多数是有关教育方面的论文,如:《参观日本千代田小学校记并书后》《忠告陕西小学教育家》《日本教育发达史论》等,反映了他的"教育救国"思想。这是张季鸾从事新闻报刊事业生涯的开端。

是年,张季鸾短暂回国,与高芸轩结婚。在榆林逗留期间,他曾应邀在榆林中学讲学。

### 1910 年（宣统二年）　二十三岁

10 月 11 日,于右任等在上海创办《民立报》。它是继《民吁日报》之后,在上海创办起来的又一份大型的日刊报纸。时张季鸾在日本也曾

积极为《民立报》撰稿。1913 年 9 月，国民党讨伐袁世凯的"二次革命"失败，《民立报》旋亦停刊。

## 1911 年（宣统三年）　二十四岁

10 月中下旬，武昌起义后，张季鸾自日本归国，任上海《民立报》记者，为于右任之臂助，投身于革命的激流之中。

是年，张季鸾与胡政之在上海康心孚先生家中首次相识。

## 1912 年（民国元年）　二十五岁

1 月 1 日，孙中山先生在南京宣布中华民国成立，并就任中华民国临时大总统，中国历史上第一个资产阶级共和国胜利诞生。张季鸾由于右任的推荐，任中华民国临时政府大总统孙中山先生的秘书，亲自参与了《临时大总统就职宣言》等重要文件的起草工作。

同日，张季鸾从南京发给上海《民立报》的关于中华民国临时政府成立及孙中山先生就任临时大总统的专电，是中华民国成立后的第一条新闻专电，"中国报纸之自有新闻电，确以张季鸾先生一电为嚆矢"。这是张季鸾对中国新闻报刊事业开拓性的贡献。

2 月 23 日，英敛之退隐北京香山静宜园，收集他在报上所撰写的论文，出版《敝帚千金》《也是集》。《大公报》笔政由樊子熔、唐梦幻等主持。

4 月 1 日，孙中山先生正式向临时参议院辞职，张季鸾遂即结束了他一生中极为短暂的政界生涯，回到上海，与于右任等筹办"上海民立图书公司"。

### 1913 年（民国二年） 二十六岁

初，张季鸾和曹成甫北上，创办北京《民立报》，张同时兼任于右任经营的上海《民立报》驻京通信（记者），开始了同袁世凯的斗争。

3 月 20 日，窃国大盗袁世凯指使其党羽在上海火车站暗杀资产阶级民主革命家、国民党代理理事长宋教仁，决心用反革命的铁血手段扑灭民主革命势力。

袁世凯一手制造的"宋案"发生后，舆论哗然。张季鸾即在北京《民立报》上，"为宋案慷慨执言，利动而威怵之者，举不为之移易"。他以鲜明的革命派旗帜，痛诋袁世凯的反革命野蛮暴行，因而，袁世凯对张季鸾恨之入骨。

4 月 26 日，为了发动反革命内战的需要，袁世凯积极筹措反革命战争经费，对南方诸省革命党人进行全面武力镇压。他未经国会同意，擅自指派国务总理赵秉钧偕同陆征祥、周学熙赴东交民巷汇丰银行，与英、法、德、日、俄五国银行团签订出卖中国主权以换取二千五百万英镑的《善后借款合同》。这个"合同"，以中国的盐税等作为抵押和担保，是历届反动政府向帝国主义银行举借的最大的一笔外债。

张季鸾通过采访得到这个"合同"的全文后，立即在上海《民立报》披露了这一桩非法的肮脏交易，在国内引起一场轩然大波，成为孙中山先生领导的"二次革命"的导火线。

7 月初，北京《民立报》因反袁被查封，张季鸾和曹成甫也遭到无理逮捕，囚禁于军政执法处监狱达三个月之久。后曹成甫瘐死狱中，张季

鸾也几遭不测。

7月12日，李烈钧于江西湖口宣布独立，通电讨袁，广东、安徽等省响应，"二次革命"爆发。

9月1日，袁军张勋部攻占南京，"二次革命"失败。

10月11日，张季鸾经好友康心孚先生等人多方周旋营救，恢复自由，相偕南归上海。后著有《铁窗百日记》，载于康心孚先生主编的《雅言》月刊，以志其事。

是年，张季鸾获释后回到上海，落拓无聊，时胡政之任上海《大共和日报》总编辑，他应邀担任该报国际版主编，经常译载一些日本报刊的时论文章。

### 1914年（民国三年） 二十七岁

张季鸾与胡政之同于上海吴淞中国公学任教，张季鸾讲授日语和外交史。

### 1915年（民国四年） 二十八岁

是年，张季鸾在上海创办《民信日报》，任总编辑，曾通一任经理，李述膺、朱镜宙等任编辑。该报几乎每天撰文抨击袁世凯复辟帝制的罪行，后因经费困难而停刊。但张季鸾一直在舆论阵地上坚持反袁、讨袁的政治立场，并进行了坚决有力的斗争。

### 1916年（民国五年） 二十九岁

9月1日，北京版《中华新报》创刊，政学会重要人物张耀曾任社长，张季鸾任总编辑，康心如任经理，李述膺、韩玉辰、高仲和、周太玄、梁秋水、华林等协助编撰工作，康心孚主编副刊，该报是政学会在旧国会复会后设在北京的一个言论阵地。

是时，张季鸾还兼任上海《新闻报》驻京通信。

### 1917 年（民国六年）　三十岁

7 月 1 日，张勋等在北京拥清废帝溥仪复辟。

7 月 12 日，段祺瑞率"讨逆军"入京，张勋逃入荷兰公使馆，历时十二天的复辟破灭。

### 1918 年（民国七年）　三十一岁

8 月 8 日，于右任几经辗转到达三原，就职誓师任陕西靖国军总司令。

9 月 24 日，北京版《中华新报》因揭露段祺瑞政府继承袁世凯的反动衣钵，出卖中国主权，向日本方面举办满蒙、吉长、吉会、四郑四铁路及高徐、济顺二铁路大借款协定的消息，被京师警察厅徐树铮等一伙诬以"破坏邦交，扰乱秩序，颠覆政府"等罪名，予以查封。经理康心如被捕入狱，总编辑张季鸾再陷缧绁。后经国会提出抗议，政学会重要人物张耀曾等人又四处出力奔走，始恢复自由。但北京版《中华新报》再未复刊。

12 月 3 日，第一次世界大战结束后，胡政之得到安福系首领王揖唐的赞助，代表《大公报》赴法，采访巴黎和会消息，他是巴黎和会中唯一的中国记者。会后历访英国、德国、意大利、瑞士等国，写了大量旅行通讯，在报界名噪一时。

### 1919 年（民国八年） 三十二岁

1 月 18 日，巴黎和会开幕。

5 月 4 日，在苏联十月革命的影响下，五四爱国运动爆发，从而揭开了中国新民主主义革命的序幕。

是年，张季鸾出狱后又到上海，任上海《中华新报》总编辑，沈钧儒为主笔，曹谷冰等任编辑。

### 1920 年（民国九年） 三十三岁

7 月 25 日，胡政之由欧洲回国，时值直皖战争爆发，胡辞去《大公报》职务。这时的《大公报》销数已惨跌，每天只印几十份。

### 1921 年（民国十年） 三十四岁

9 月 1 日，胡政之在上海开办"国闻通信社"。后又在汉口、北京等地成立分社。

张季鸾主持的《中华新报》与胡政之创办的"国闻通信社"馆址为邻，又居家同里，如是者且四五年，彼此朝夕相从，私交日厚。

11 月 2 日，陕西省议会议长南岳峻主持陕西省议会第二届第三期常年会议第六次大会，全体议员一致推举张季鸾为陕西省议会代表，出席 11 月 11 日在上海举行的全国国民外交联合会。

### 1922 年（民国十一年） 三十五岁

吴鼎昌发起由盐业、金城、中南、大陆四银行创办的"四行储蓄会"，并设"四行准备库"。推吴为"四行储蓄会"主任，就此形成所谓"北四行"的集团。

### 1923 年（民国十二年）　三十六岁

9 月 1 日，《大公报》社总董王郅隆时在日本，死于关东大地震。

### 1924 年（民国十三年）　三十七岁

1 月 21 日，列宁逝世。张季鸾在上海《中华新报》上发表《列宁逝世》一文，高度赞扬列宁一生的伟大功绩。

冬，上海《中华新报》因经营不善停刊。著名记者邵飘萍在《新闻学总论》一书中，曾称誉这一段办报时期的张季鸾"头脑极为明晰，评论亦多中肯，勤勤恳恳，忠于其职，不失为贤明之记者……"。之后，张季鸾遂失业前往北京，由河南军务督办胡景翼推荐，张绍曾内阁任命他为陇海铁路会办。

是年，吴鼎昌、张季鸾和胡政之三人在上海商议发起新闻事业，拟并日报、周报、通信社而一之。未几，因张季鸾北上，此议遂中辍。

### 1925 年（民国十四年）　三十八岁

11 月 27 日，《大公报》停刊，总出刊号为八千三百一十五号。

冬，"国闻通信社"因营业不支，胡政之拟停办，吴鼎昌深表惋惜，并商于张季鸾，于是重提旧议，拟先扩充《国闻周报》，张季鸾应允赞助，但实际未能参与。"国闻通信社"由于吴鼎昌的支持，遂转危为安。

1926 年（民国十五年）　　三十九岁

春，张季鸾再度失业，滞留天津。他矢志办报，而无法展足，彷徨无所之。吴鼎昌和胡政之劝他回沪主办《国闻周报》。但张季鸾"病其为周刊，不足满劳动之欲，以为必兼办日报，庶几可以回旋也"，终未能成行。

夏，吴鼎昌、胡政之、张季鸾于天津共同决定接办《大公报》，用新记公司名义经营。吴鼎昌的资本、胡政之的组织、张季鸾的文章，就构成了《大公报》的"三要素"，新记公司大公报随即应运而生。并约定三人专心办报，在三年内谁都不许担任任何有俸给的公职。吴鼎昌任社长，不支月薪，胡政之任经理兼副总编辑，张季鸾任总编辑兼副经理，月薪各三百元。胡政之与张季鸾以劳力入股，每届年终，须由报馆送与相当股额之股票。至于《大公报》的言论，由三人共组社评委员会，研究时事问题，商榷意见，决定主张，文字虽分任撰述，而张季鸾则负整理修正之责，意见有不同时，以多数决之，三人各不同时，从张季鸾。北京、上海、汉口三处"国闻通信社"成为《大公报》的采访机构，《国闻周报》移津出版，成为《大公报》的附属刊物。

9 月 1 日，《大公报》在天津日租界旭街四面钟对过原址正式复刊，报纸总号为八千三百一十六号。每日出版两大张。张季鸾用"记者"笔名在第一版发表《本社同人之志趣》社评，提出了"不党、不卖、不私、不盲"的办报方针，后来成为《大公报》的"社训"。《大公报》复刊时，赠阅两天，发行数量不足两千份，广告收入每月仅二百元左右。职工总数不过七十多人。

《大公报》的复刊,标志着张季鸾开始步入他办报生涯中的鼎盛时期。

9月2日,张季鸾用"榆民"笔名,在《大公报》发表《嘉使团中立》论评,对北京公使团电令驻汉口各国领事在北伐战争中严守中立,予以赞扬。

9月8日,《大公报》"论评"栏头改名为"社评",仍署名。

9月28日,张季鸾用"记者"笔名,在《大公报》发表《论保护学生》社评,反对当局政府迫害杀戮青年学生。

10月2日,张季鸾用"记者"笔名,在《大公报》发表《陕乱感言》社评,强烈谴责刘镇华及其镇嵩军在陕西横征暴敛、烧杀抢掠、无恶不作的反动罪行。

10月26日,张季鸾用"记者"笔名,在《大公报》发表《软弱无能之政府》社评,猛烈抨击当局政府不能立即宣布废除期满的中比商约,呼吁民众共同努力,废除不平等条约。

11月7日,《大公报》"社评"栏目从此不再署名。

张季鸾使不署名制成为定制。这样,于立言便利,且代表全社,也寓以个人不求各之意。

12月4日,张季鸾在《大公报》发表《跌霸》社评,骂被北伐军击垮而下台的吴佩孚"独霸一时,为迷信武力统一之一人",最后又说:"综论吴氏之为人,一言以蔽之,日有气力而无知识,今则并力无之,但有气耳。"为吴佩孚送终。

12月,《大公报》本月每天报纸发行数量已涨至三千一百九十八份。

**1927 年（民国十六年）　四十岁**

3 月 12 日，《大公报》发表《孙中山逝世二周年纪念》社评，声明赞同孙中山联俄政策。是时，《大公报》还同情北伐，而天津正为奉系军阀张宗昌统治范围，报馆地址设在日租界，故可称为勇敢。天津《益世报》讥讽《大公报》为"坐北朝南的某大报"。

4 月 12 日，蒋介石在上海发动"四一二"反革命政变，对共产党员和革命者进行大屠杀，先后惨杀五千余人。

4 月 18 日，蒋介石在南京成立"国民政府"。

5 月，《大公报》发行数量已涨至六千余份。同期，广告收入每月增至一千余元。营业结算则由每月亏损四千元转为收支平衡。此后更逐年均有盈余。

7 月 15 日，汪精卫在武汉公开背叛孙中山所制定的国共合作政策和反帝反封建的纲领。随后，对共产党员和革命群众进行大屠杀，国共合作最后破裂，第一次大革命失败。

11 月 4 日，张季鸾在《大公报》发表《呜呼领袖欲之罪恶》社评，骂汪精卫"特以'好为人上'之故，可以举国家利益、地方治安、人民生命财产，以殉其变化无常、目标不定之领袖欲，则直罪恶而已"。后在抗日战争时期，汪精卫果然堕落为汉奸领袖。

12 月 1 日，蒋介石和宋美龄在上海结婚。

12 月 2 日，张季鸾在《大公报》发表《蒋介石之人生观》社评，骂蒋宋婚事。文章指出："离妻再娶，弃妾新婚，皆社会中所偶见，独蒋介石事，诉者最多，以其地位故也"。"吾人至此，为国民道德计，诚不能不加以相当之批评，俾天下青年知蒋氏人生观之谬误"。文章末又指责蒋介石"甚矣不学无术之为害，吾人所为蒋氏惜也"。此文骂蒋介石，可谓淋漓。

12月，《大公报》本月每天报纸发行数量已涨至一万二千余份。广告收入全月已达三千二百元。

是年，曹谷冰由德国回国，参加《大公报》社工作。后被派赴苏联视察。


### 1928年（民国十七年）  四十一岁

5月3日，日本帝国主义出兵侵占济南，阻挡国民党军北伐，并大肆屠杀中国军民，造成"济南惨案"。

5月4—6日，《大公报》连续发表《咄咄怪事》《诉诸中日国民常识》《应竭力避免中日第二次冲突》等社评，警告日本帝国主义，勉励自强自立，"以保卫邦家，应付外侮"。

6月15日，南京政府宣布统一告成。

6月21日，夜，张季鸾乘京汉快车，前往新乡访问冯玉祥。适冯抱病转至辉县百泉休养。

6月26日，张季鸾至百泉访晤冯玉祥。

6月28日，张季鸾在《大公报》上发表《百泉访冯记》一文，替冯军饷无着鸣不平。

6月29日，张季鸾在《大公报》上发表《新乡之行》的旅行通信，记述沿路景物和冯军情况。

7月1日，凌晨，蒋介石北上专车到达郑州，冯玉祥到郑欢迎。张

季鸾随冯同往，由冯玉祥等介绍，张季鸾与蒋介石相识，这是张、蒋相识之始。冯未与蒋同行，张季鸾则随蒋的专车一同到北京。同车的还有邵力子、张群、陈布雷等人，皆是张的旧交。

8月1日，张季鸾又搭冯玉祥的专车与冯同到南京。张季鸾在南京采访约一月。

8月27日—9月3日，张季鸾用"榆民"的笔名，在《大公报》上连续发表六篇《新都观政记》和三篇《京沪杂记》，同蒋介石以次的国民党人物做了深入的接触。

### 1929年（民国十八年） 四十二岁

1月1日，《大公报》社购进美国制旧轮转机一部印报，速度快，出版时间早，日出四大张，发行数量激增。

4月24日，张季鸾在《京报特刊》上发表《追悼飘萍先生》一文，高度赞扬邵飘萍的业绩，沉痛悼念邵飘萍遇害三周年。

夏，张季鸾邀请原《商报》总编辑王芸生入《大公报》编辑部工作。

12月，《大公报》本月每天报纸发行数量已涨到两万余份。广告收入平均每月达六千余元。

### 1930年（民国十九年） 四十三岁

夏，陕西发生严重旱灾，赤地千里，哀鸿遍野。张季鸾出于桑梓深情，在天津发起赈灾募款活动，并在《大公报》上一再大声疾呼，刊载不少灾区饿殍载道的照片和报道。《大公报》号召力极强，募捐者门庭若市。

10 月，张季鸾派遣《大公报》记者赴河北农村作大规模的实地调查，并将记者的报道在《大公报》上连续发表，引起社会对农民问题的普遍关注。

11 月 2 日，张季鸾为配合《大公报》记者在农村实地调查的报道，发表社评《中国文明在哪里？》，触及国民党现行政策，揭露社会黑暗面。张季鸾这种让记者深入农村调查，并据此写出激烈的评论的做法，在当时的报界是前所未有的创举。

11 月 14 日，张季鸾在《大公报》发表《论造成廉洁有能之政府》社评，文章首先指出："廉洁之义，须自高级官吏以身作则做起""惩治贪污并须自高级官吏始"。接着又列举了国民党军政界种种贪赃枉法的现象，进而指出："导之以德，而齐之以刑，一二年间，风气丕变矣。"张季鸾的这些警诫之言，切中时弊，颇有见地，当然不会被当局政府所采纳。

12 月，《大公报》本月每天报纸发行数量最高已涨到三万份以上。广告收入平均每月达八千元至九千元以上。全国分销机关增至二百九十三处。

## 1931 年（民国二十年） 四十四岁

2 月，《大公报》社购进德制高速轮转机一部印报，价值二十万元，是当时北方最大的印报机。

5 月 22 日，《大公报》发行一万号。张季鸾在《大公报》发表《大公报一万号纪念辞》社评，重申《大公报》仍坚持"不党、不卖、不私、不盲"的办报方针。

6月2日，张季鸾在《大公报》发表《望人人牢记约法第八条》社评，对国民党肆意践踏法律，任意捕人杀人的恐怖行径进行严厉抨击，表达了人民不满国民党法西斯统治的心声。

6月4日，张季鸾在《大公报》发表《读日俄工业参观记感言》社评，详论曹谷冰所写《苏俄视察记》及塘沽技师团镜剑生（李烛尘笔名）所写《赴日参观记》内容。高度评价苏联实现第一个五年计划的成就，"不得不承认苏联建设规模之大，及其进步之猛"，并赞扬日本高度发达的工业和技术。他建议中国工业建设"整个计划，应参考苏联；一般制造，应步武日本"。张季鸾敢于大胆地承认事实，赞誉苏联的辉煌业绩，在当时来说，确实是难能可贵的。

9月18日，夜，日本侵略军袭击沈阳，开始向东北大举进攻。翌日晨，沈阳沦陷，不久，日本侵略军占领东北全境，史称"九一八"事变。

9月20日，张季鸾在《大公报》发表《日军占领沈阳长春营口等处》社评，谴责日本帝国主义的侵略罪行，呼吁"我国国民当此时机，务须共助政府，镇静应付，哀悼死难同胞，警惕未来变局，举国一致，以当大难"。

9月21日，张季鸾、胡政之召开全体编辑会议，讨论今后的编辑方针计划。张季鸾在这个会议上宣布，今后的编辑方针是"明耻教战"。所谓"明耻"，"盖使国民仰汉唐之盛，悲今日之哀，亦以证明中日文化渊源之厚，而责日本凌压中国之残暴"。张季鸾当场指定编辑部记者汪松年主持这件事，派王芸生协助汪松年工作。关于"教战"，则是请懂得现代战争的军事专家蒋百里编"军事周刊"，向国人介绍军事常识。

9月，张季鸾因念国家之可危可耻，提议在《大公报》上开辟一个专栏，每日刊载一段中日关系的史料，以为警醒国人之助，后因汪松年年老、才力不及，推王芸生担任主编。王芸生开始动笔编著《六十年来中国与日本》一书。

10月6日，张季鸾在《大公报》发表《望军政各方大觉悟》社评，斥责国民党当局误国殃民："往事如烟，不堪回首！国家今日受此奇辱，人民遭此奇劫，凡过去现在政治上负责之人，虽自杀亦无以谢国民。一笔误国殃民账，实已不堪算，不能算！而今日外患凭陵，兆民水火，国家人格被污尽，民族名誉被毁尽！"

11月8日，夜，日军指使汉奸张璧等用便衣队在天津日租界从事捣乱，制造"天津事变"。《大公报》无法出版，被迫于10日起停刊六天。

11月16日，《大公报》社由天津日租界迁到法租界三十号路一百六十一号新址继续出版。

11月20日，张季鸾在《大公报》发表《马占山之教忠！》社评，高度赞扬在黑龙江奋起抗击日本侵略军的马占山将军及其所部将士，称他们的爱国精神，"则已永共民族生命以不朽"。

12月10日，张季鸾在《大公报》发表《救东三省辟伪独立》社评，号召全国国民树立坚固的决心，"必拯救我三千万同胞恢复自由！""不达此目的不止！"，并强烈反对日本帝国主义扶植的傀儡溥仪等搞伪独立。

## 1932年（民国二十一年） 四十五岁

1月28日，日本侵略军进攻上海，蔡廷锴等领导的国民党第十九路军，

对日军进行了英勇抵抗，史称"一·二八"事变。

1月30日，《大公报》发表《为公理人道抗议》社评，谴责日军侵略，支持十九路军抗战。

2月20日，张季鸾在《大公报》发表《兴亡歧路生死关头》社评，指出："中国一旦被迫自卫，则无论如何，必须抵拒至最后之日，非将中国自日本侵略征服主义完全解放，对日无平和之可求。此非主张也，事实如是也。"张季鸾的态度，是积极抗日的。

4月，王芸生编著的《六十年来中国与日本》第一卷出版，张季鸾为该书作序，写道："吾侪厕身报界，激刺尤重，瞻念前途，焦忧如焚。以为救国之道，必须国民全体先真耻真奋，是则历史之回顾，当较任何教训为深切。因亟纂辑中日通商以后之重要史实，载诸报端，欲使读本报者抚今追昔，慨然生救国雪耻之决心。"《六十年来中国与日本》一书，在当时来说对鼓励人们的爱国情绪，唤起一部分国民的警觉，起过良好的作用。

6月26日，张季鸾在《大公报》发表《自卫之策》社评，开宗明义地指出："中国，病国也。五脏俱衰损，而外感乘之，精气消耗，达于极点，此珍养摄生之时，非跳掷决斗之日也。"他考虑到中国目前现状，民穷财尽，又"外交之肆应，军备之筹措，皆须尽最善之努力"，因此，不宜立即对日宣战，主张隐忍持重，积极努力创造条件，"迅速以全力筹之"。

### 1933年（民国二十二年） 四十六岁

1月11日，张季鸾在《大公报》发表《中国岂堪被人零割》社评，强烈反对日本帝国主义任意宰割中国领土,表示:"吾侪决反对日本此种态度做法到底,决自卫其整个的国家!"

1月21日,张季鸾在《大公报》发表《送段芝泉先生南行》社评,对段祺瑞不愿受日本帝国主义摆布,注重保持晚节,飘然南下上海的行动,予以肯定。


### 1934年(民国二十三年)　四十七岁

1月1日,《大公报》发表"本报特别启事",今年每星期日敦请社外名家担任撰述"星期论文",在"社评"栏目地位刊布。现已商定惠稿的有:丁文江、胡适、翁文灏、陈振先、梁漱溟、傅斯年、杨振声和蒋廷黻。

1月7日,胡适在《大公报》发表《报纸文字应该完全用白话》的文章,这是《大公报》组织的第一篇"星期论文"。之后,《大公报》"社评"逐渐改用白话。

春,张季鸾在天津初患肺疾,医嘱长期休养,但他不忍恝置所业,仍以弱体支持笔政。

夏,张季鸾与陈孝侠结婚。

9月底,张季鸾为纪念其父楚林公冥诞一百年,其母王氏忌辰三十周年,携家眷专程自天津回榆林谒墓、立碑。

10月10日,傍晚,张季鸾回到阔别二十六年之久的故乡——榆林。驻榆第八十六师师长井岳秀偕财政专员杭劲夫及同学挚友张翊初、景岩征等在距城二十里的地方远道来迎接。张季鸾步行入城,夹道人满,拥

挤不通，盛况空前。

10月12日，张季鸾父楚林公冥诞一百年纪念日。张季鸾在榆林城内戴兴寺设位致祭，收到的纪念文字数百件，陈挂寺中，全城亲友与各校学生，参加行礼，如此三日。

10月中旬，张季鸾偕全家谒墓，准备立碑。

11月中旬，张季鸾为其父楚林公立碑，榆林各界又特赠一神道碑，与墓表同日揭幕。该碑墓表由国学大师章炳麟撰文并篆额，国民党元老、书法大师于右任挥毫，苏州集宝斋刻坊著名匠工精刻而成，誉称为"三绝碑"。

当时，陕北偏僻，交通十分不便。由太湖畔镌刻的墓碑，只得绕道运往包头，经老友绥远省政府主席傅作义委派副官张耐宽冒险渡黄河运送，于10月10日，即张季鸾抵达榆林城内的当天，运至陕西境内府谷，又辗转费时一月之久，才安抵榆林。11月下旬，立碑后约一周，张季鸾辞别故乡，取道太原、西安，回天津《大公报》社任事。张季鸾在榆林居住一个半月，在此期间，他访寻亲友，拜见业师田善堂先生，并找到一份家谱，可以往上数到十三代，这是他此行办理私事上最有意义的收获。张季鸾特别关心榆林教育事业的发展，注重人才的培养，并提出许多建设性的宝贵意见。他亲临榆林中学、榆林职业学校等进行演讲，与青年学生举行多次座谈。临行前，他与商学界友人筹募五千余元作为奖学基金，成立保管委员会，以息金补助贫寒优秀子弟升学。而张季鸾首先解囊赞助五百元，足证其慨慷好义。其为桑梓贡献不无小补。之后，张季鸾因公务缠身，再未回过榆林。谁料此次归乡竟成为永诀。

12月初，张季鸾在榆林得陕西省政府主席邵力子电约，赴省谈话。榆林地方人士也希望张季鸾为禁烟事，入省协助请愿，他遂决计先至西安而后返津。在潼关，邵力子正启行入京，两人隔车匆谈数语，知邵力子在西安曾候他数日。张季鸾在西安逗留约一周，与各界友人聚谈，被邀在各处讲话，在高级中学曾开一座谈会，并参观防疫处、省立医院、戒烟医院、省银行及孤儿院等。时，杨虎城巡视陕南，尚未回省，电嘱他留待一晤，终未见。

12月23—25日，张季鸾用"榆民"笔名，在《大公报》连载《归乡杂感》一文，揭露陕北农村社会的黑暗，"人民乃大困，迄去年已成山穷水尽之局"，一针见血地指出陕北"乱源在于苛政"。

12月25日，张季鸾在《大公报》附属刊物《国闻周报》发表《归乡记》一文。该文是研究张季鸾伦理思想的重要文献，系统地阐述了张季鸾的人生观即报恩主义。

是年，《大公报》附属刊物《国闻周报》冲破国民党的新闻封锁，连续刊载几期"赤区土地问题"专栏，说明苏区有一整套社会制度，绝不是国民党所宣传的"土匪""流寇"，在当时引起极大震动。

## 1935 年（民国二十四年） 四十八岁

1月25日，张季鸾在《大公报》发表《关于言论自由》社评，指责"一般官吏自始存苛责挑剔之念，或不明保障言论自由为各级政府本身固有之职责，仿佛以严重取缔为当然，以缓和对待为宽大，遂至有时抹杀报界合法之立场，甚者则滥用权限，凭喜怒以为处分"，并期望政府有关

当局善加运用关于新闻检查等意见决议原则，使言论自由，确能发扬光辉。

春，随着日本帝国主义对华北地区侵略的步步深入，张季鸾主张将《大公报》的重心南迁，以备非常。而胡政之初认为《大公报》要挤进上海，困难重重，恐难以立脚，不太同意张季鸾这一建议。因此，张季鸾与胡政之在《大公报》南迁与前途问题上发生分歧。张季鸾意态消极，一度想脱离《大公报》。未几，张季鸾入蜀，与康心之商约，由康心之出资五万元，在重庆共同创办《国民公报》。并与康心之等偕游成都各地，登青城之峰，览缙云之胜。

但胡政之毕竟是一位杰出的报业家，经过再三权衡利弊，认为张季鸾的建议有远识，接受了他创办上海版《大公报》的意见，决定立即作南迁准备。是时，《国民公报》一切筹备就绪，而张季鸾也就没有去办《国民公报》。

5月10日，著名记者范长江在《大公报》发表《塘沽码头》通信，自此入川。7月从成都出发，以《大公报》特约通讯员名义，开始做西北考察旅行。历时十个月，足迹遍川、陕、青、甘、宁等地区，陆续在《大公报》，发表旅途通讯，轰动全国。这些通讯，首次向全国公开报道正在进行中的红军二万五千里长征的部分真相，增进了广大读者对中国共产党及其领导下的工农红军的了解，对扩大中国共产党的政治影响起了重要作用。后汇编成《中国的西北角》一书出版。

12月3日，张季鸾在《大公报》发表《勿自促国家之分裂》社评，对留守冀察的宋哲元进行了不客气的批评，告诫"不容自促国家之分裂"，"必须保障国家之统一，为公为私，为国家，为地方，皆须守此最后轨道"

等，这篇文章的遣词命意，是很尖锐的，因而触怒宋哲元。

12月4日，《大公报》刊载"全国读者诸君公鉴"启事，全文如下："迳启者：本报奉津市公安局通知，转奉平津卫戍司令命令，自即日起，受停止邮递处分，以致不能邮局发寄，对全国读者抱歉万分，事出非常，尚希谅察是幸。"宋哲元处罚《大公报》，南京、上海等各报纷纷发表评论，声援《大公报》。

12月12日，宋哲元在强大的压力之下，被迫解除对《大公报》停止邮递的处分。

## 1936年（民国二十五年）　四十九岁

1月1日，"平津新闻学会"的筹备委员张季鸾（天津《大公报》）、成舍我（北平《世界日报》）、张明炜（北平《华北日报》）、梁士纯（燕京大学新闻学系）、陈博生（北平《晨报》）五人，经过一年时间的磋商，在北平南河沿欧美同学会（现北京市政协地址）举行"平津新闻学会"成立大会。参加会议的有：张季鸾、成舍我、陈博生、王芸生、汪松年、蒋荫恩等二十四人。开会时，有人推张季鸾任主席，他却推成舍我任主席。按照会议议程，由张季鸾宣读"平津新闻学会宣言"。该宣言首先阐述了成立的旨趣，然后对国民党当局，提出四个最低限度的请求：（一）切实开放言禁；（二）切实保障报馆及从事报业者之安全；（三）不得迫令报纸为图利一人一派之宣传；（四）撤销以前未按正当程序对报馆或记者所加之处分。这四个请求的主要精神，就是新闻界要求法律上的正当自由，要争取光明和忠诚履行应尽的职责。宣言最后还指出学

会努力奋斗的目标。旋按照章程推选理、监事，张季鸾等五人当选为理事。在理事会上，接受张季鸾提议，定于本月 25 日召开第一次会员大会。

4 月 1 日，上海版《大公报》正式在上海出版。津沪两地的《大公报》同时发行，《大公报》俨然成为全国性的大报。上海版《大公报》社址设在法租界爱多亚路一百八十一号。李子宽任经理，张琴南任编辑部主任。

7 月 6 日，张季鸾出席在北平欧美同学会举行的"平津新闻学会"第二次会员大会。

9 月 1 日，张季鸾在天津版、上海版《大公报》同时发表《本报复刊十年纪念之辞》社评，其中历数十年来事业进步之梗概时，谈道：《大公报》复刊时，规模狭小，全体职工约七十人，现已增至七百人；复刊时，《大公报》印行两千份，今津沪合计，逾十万份；复刊第一月总支出约六千元，今津沪支出不下十万元；最初印报机为小型平面机三架，今用高速度轮转机；现时全国分销机关共一千三百余处，除东三省不能寄递外，行销遍于各省。其附属事业，《国闻周报》亦由两千份增至两万余份。"回忆十年经过，除第一年入不敷出，耗用股本之外，未几即渐达收支适合。迩来工场设备之发展，皆以营业收入充之。现时工场财产，价值约四十万，皆自然发展而来者也。"《大公报》创办时，以吴鼎昌的五万元为资本，十年后工厂设备即价值四十万元，连同津沪两馆其他财产并计，总值已在五十万元以上。

同日，天津、上海两馆举行复刊十周年纪念会。两馆职工服务满十年者，共三十八人，授予金质纪念章一枚；全体职工均授予铜质纪念章一枚。

9月11日，上海公共租界工部局总巡捕房因为上海版《大公报》"文艺"栏目于8月16日登载陈白尘编写的独幕剧《演不出的戏》，有煽惑他人抗拒合法命令之嫌，以妨害秩序罪，控告张季鸾于第一特区地方法院，理由系《演不出的戏》独幕剧中，有鼓动他人对东三省之情绪，且一再涉及"满洲国"，与"敦睦邦交"有所抵触。张季鸾昂然出庭受审，在答辩中指出所谓抵触"敦睦邦交"系因《演不出的戏》中涉及东三省及"满洲国"而起，纯属牵强附会。中国根本未放弃东三省为本国领土，更未承认"满洲国"，何来"邦交"？激发他人怀念东北故乡，果不能谓为"有损"。所以抵触"敦睦邦交"之说，是歪曲是非，无法成立。辩论当日终结。

9月18日，上海公共租界第一特区地方法院宣判：张季鸾无罪。

11月22日，夜，国民党在上海逮捕了全国各界救国会领袖沈钧儒、邹韬奋、李公朴、章乃器、王造时、沙千里、史良七人，史称"七君子事件"。

11月24日，晨，傅作义率部在绥远抗击日伪军的侵略，收复百灵庙，得到全国人民的声援。

11月26日，张季鸾在津沪版《大公报》发表《绥北大捷之意义》社评，赞扬傅作义部收复百灵庙，"为绥远军事之一大胜利"，同时指出，"中国人一致觉悟不牺牲、不自卫，则将亡国，牺牲而自卫焉，则必兴国，简单明了，共信共行而已"。

12月12日，张学良、杨虎城在西安扣留蒋介石，进行兵谏，并通电全国，提出八项主张，这就是著名的"西安事变"。

12月14日，张季鸾在津沪版《大公报》发表《西安事变之善后》社评，向南京政府当局提出解决"西安事变"的建议：（一）须以恢复蒋委员

长自由为宽容不咎之前提条件；（二）非万不得已最后之时，勿用戡乱手段，所有调解斡旋，之力宜用无不尽；（三）各省各界宜一致镇定团结，维持大局，同时宜考求消弭内忧之方法，并提议于右任"若能迅速赴西安，以为斡旋，尤为国家地方之幸事矣"。

12月16日，张季鸾在津沪版《大公版》发表《再论西安事变》社评，指出"必须集中社会公意，为国家前途努力"，为最善之解决，第一，"吾人深望阎副委员长以代表晋绥前方将士之资格，迅速向西安方面竭诚劝告，以图挽回"。第二，"吾人相信青年之态度意见，至少可有间接的重大影响也"。第三，"陕西省尤其西安市人民，现受切肤之祸，故对于要求和平解决有特别发言权"。

12月26日，张季鸾在津沪版《大公报》发表《国民良知的大胜利》社评，欢呼"西安事变"的和平解决。

### 1937年（民国二十六年） 五十岁

1月5日，张季鸾自上海至北平。胡适邀张季鸾到家中会见梅贻琦、蒋梦麟、周枚茹、潘光旦、陈岱孙、陈之迈、沈蒗斋、张奚若。

1月17日，平津新闻学会在北平欧美学会举行第三次会员大会，张季鸾等七人当选为理事。

3月20日，张季鸾五十寿辰。祝寿会于中午十二时许在上海新新酒楼举行，百余人前往祝贺，特邀江南唯一昆班仙霓社彩排，于右任手书寿诗贻赠，诗云："榆林张季子，五十更风流。日日忙人事，时时念国仇！豪情寄昆曲，大笔卫神州。君莫谭民立，同仁尽白头。"

7月2日（阴历五月二十四日），张季鸾嗣子张士基出生于上海。

7月7日，日本帝国主义发动卢沟桥事变，中国人民奋起英勇抵抗，从而揭开了八年抗日战争的序幕。时张季鸾正在庐山，预备参加本月16—20日由蒋介石召集的第一期庐山谈话会。随着局势的日益严重，张季鸾不待庐山谈话会开幕即先期下山回到上海。

7月29日，张季鸾在上海版《大公报》，发表《跟苦牺牲的起点》社评，鼓舞中国人民坚持抗战到底，才能取得最后胜利。

7月31日，在张季鸾等人的营救下，沈钧儒等七人被保释出狱。

8月1日，日军侵占天津。

8月4日，天津版《大公报》登出"暂行停刊"启事，宣告停刊。

8月13日，日本侵略军进攻上海，上海军民英勇迎战，史称"八一三"事变。

8月17日，张季鸾估计上海终将不保，率孔昭恺等数人冒险离开上海，前往武汉创办汉口版《大公报》。上海版《大公报》社评由王芸生负责。

9月18日，汉口版《大公报》创刊，由张季鸾主持，许萱伯、曹谷冰先后任经理，张琴南任编辑主任。馆址设在汉口特三区湖北街宝润里二号。

同日，张季鸾在汉口版《大公报》发表《本报在汉出版的声明》社评，表示："我们要尽可能搜集战地确讯，并加以正当的批评观察。要尽可能集中全国各界权威的救国高见。同时我们自己要对于外交政治经济等不断地贡献意见，以求裨益于全国持久抗战的前途。"又发表《九一八纪念日论抗战前途》社评，指出："中国这样大规模的抗战，当然有苦痛，

战事延长的苦痛自多。但是不要怕！"并断言："中国能持久必能胜利。能全国动员，则必能为最大限度之持久。"

9月25日，张季鸾在汉口版《大公报》发表《晋北大胜》社评，赞扬八路军在平型关战役中所取得的重大胜利，说"这种胜利，似在意外，实在意中"。

11月12日，上海失守。

12月8日，张季鸾在汉口版《大公报》发表《最低调的和战论》社评，其中写道："我们以为政府即日即时应当明白向中外宣布，如日本不停止进攻南京，如日本占了南京厂则决议不接受调解，不议论和平。我们以为这绝对不是高调，乃是维持国家独立最小限度之立场"，最后指出，只要大家"不分党派，同心奋斗"，"中国就永不亡，民族精神也永不至衰落"。这篇社评一发表，和谣为之一扫，在当时颇有影响。

12月13日，南京失守。日本侵略军在一月内屠杀南京居民三十余万。

12月14日，上海版《大公报》拒绝日军检查新闻，自动宣布停刊。

同日，北平成立日伪临时政府。

12月15日，张季鸾在汉口版《大公报》发表《打倒北平伪组织》社评，认为："敌人确已决心征服独立的中国，计划打倒拥护中国独立的一切势力，并消灭其国家民族的意识，使中国成为日本独立的殖民地，从此永丧失独立国家之地位及其精神。"因此，"凡不愿做亡国降人的一切同胞"，必须更勇敢地奋斗，"以迅速打倒敌人灭亡中国的伪组织"！

12月27日，《大公报》附属刊物《国闻周报》在上海停刊。共出四十卷（年），有六百七十二期。

12月28日，张季鸾在汉口版《大公报》发表《为匹夫匹妇复仇》社评，强烈谴责日本侵略军在华烧杀抢掠等残暴罪行，指出："敌人这样，是完全暴露其罪恶，其注定败亡。"号召全国同胞务须联合全世界主张正义人道者努力杀敌，为这些被害人申冤雪耻。

### 1938年（民国二十七年）　五十一岁

3月21日，张季鸾在汉口版《大公报》发表《临沂之战》社评，赞扬张自忠部、庞炳勋部在临沂战役中击败日军板垣师团所取得的重大胜利，预见性地指出："无论如何敌人的侵略力量是有限的，而我们的抵抗力、战斗力应当是无穷无尽。现在已有确切把握，断定日本不能吞中国。"

3月30日，"中国青年新闻记者学会在武汉正式成立。参加这次盛会的来宾有国民党中宣部部长邵力子、监察院院长于右任；新闻界张季鸾、邹韬奋、曾虚白、叶楚伧、萧同兹、陈博生、王芸生等。在会上张季鸾等新闻界前辈都被推选为名誉理事。"中国青年新闻记者学会还创办《新闻记者》月刊，创刊号刊载张季鸾撰写的《对青年同业的赠言》一文。

4月6日，日军三路围攻徐州，台儿庄国民党军在李宗仁等指挥下，与日军展开大战，杀伤日军数千人。

4月8日，张季鸾在汉口版《大公报》发表《台儿庄胜利以后》社评，指出："台儿庄之捷，只算是在卫国歼敌的光荣大路上走了一程。"但是这并不是最后决战，"我们胜了，固然庆幸，但不容自满，更不可自骄。

接着还要打，还要求胜，一直胜到恢复一切失土，才算是最后之胜"。台儿庄大捷"证明日本暴力之不可恃然其暴力还在。日本是步步向黑暗的深渊猛进而不肯回头的。我全国军民务须切实知己知彼，沉着奋斗"。

4月11日，张季鸾在汉口版《大公报》发表《论保护敌俘》社评，严格地将日本人民与日本军阀区分开来，反复强调中国抗战是为正义而战。

4月12日，国民党政府公布"国民参政会组织条例"，共十五条。

5月12日，《大公报》为扩大救护各战场负伤将士捐款运动起见特倡办"大公剧团"公演三幕国防话剧《中国万岁》，已组织就绪。是日在汉口普海春餐厅举行茶会，张季鸾、曹谷冰、王芸生及戏剧界领袖田汉洪深、阳翰笙、孙师毅、马彦祥等六十余人莅会。张季鸾在会上阐发所以发起济伤员募款公演之缘由及倡办"大公剧团"之意义。

6月16日，《大公报》汉口馆在汉口维多利亚纪念堂举行救伤公演，王芸生首先致开幕词，继由郭沫若作慷慨激昂的讲演。之后演出由唐纳编剧、应云卫等导演、舒绣文主演的《中国万岁》。连演四天共七场，票款一万四千余元全部捐献，救济伤兵。

6月17日，依照"国民参政会组织条例"第三条规定："由曾在各重要文化团体或经济团体服务三年以上，著有信望，或努力国事信望久著之人员中，选任五十名。"张季鸾被选为第一届国民参政会参议员。为此中共《新华日报》记者在国民参政会召开前夕，特走访张季鸾。张季鸾发表谈话，说："国民参政会是根据其组织条例而产生的。关于它的职权问题，条例上曾经规定'在抗战期间，政府对内对外之重要施政方针，于施行前提交国民参政会决议'。参政会应该按照规定，使用这种职权，大家尽职，合作实行。我希望多听听大家的意见，希望各代表多发表一些专门而具体的意见——《抗战建国纲领》中列举了各种问题，并做了原则的规定，现在的问题是在方法上如何实践起来。我几次被推为参政一类职务，都却而未就。这次参加国民参政会，是因为国难严重，义不容辞。"其忧国之情溢于言表。

7月6日，国民参政会第一届第一次大会在汉口两仪路上海大戏院开幕。参政员张季鸾出席大会。

7月7日，国民参政会第一届第一次大会讨论通过了议长汪兆铭关于成立宣言起草委员会的提议，推举张季鸾、吴玉章、黄炎培、胡建中、张君劢、曾琦、周炳琳、陶希圣、陈裕光九人为宣言起草委员会委员，张季鸾为召集人。

7月7—11日，武汉三镇举行献金运动，各界人士纷纷解囊，踊跃献金超百万，支援抗战。张季鸾将亲友在儿子张士基过生日时馈赠的金银首饰等全数献出，表现了他无私奉献的高尚情操。

与此同时，《大公报》社组织的大公剧团每日出动演戏演出的节目有：《杀敌之夜》《两兄弟》等劝告献金。

7月15日，国民参政会第一届第一次大会选举了休会期间驻会委员会委员，张季鸾及陈绍禹、董必武、沈钧儒、罗隆基、秦邦宪、傅斯年、胡适、梁漱溟等二十五人被推选为委员。

同日，国民参政会第一届第一次大会闭幕。

8月8日，张季鸾在汉口版《大公报》发表《揭穿后壁的苏日关系观》

社评，赞扬苏军"为贯彻不容寸王被侵的国策"在张高峰反击日军的侵略，"声明中国必为自卫而抗战到底，同时则同情苏联之自卫，而相信苏联早有自卫之智慧准备与决心"。

8月13日，香港版《大公报》创刊。馆址设香皇后大道中三十三号。该馆由胡政之主持，金诚夫任经理，徐铸成任编辑主任。

9月9日，汉口版《大公报》发行重庆航空版。

10月11日，适为张季鸾癸丑（1913年）在北京出狱二十五周年纪念日，时张季鸾与于右任同在汉口，置酒为祝。因念往事，于右任作双调折桂令曲为纪，云"危哉季子当年，洒泪桃源，不避艰难。恬淡文人，穷光记者，呕出心肝。吊民立余香馥郁，说袁家黑狱辛酸。到于今大战方酣，大笔增援。二十五周同君在此，纪念今天，庆祝明天"。10月17日，日军逼近武汉，张季鸾在汉口版《大公报》发表《本报移渝出版》社评。

10月18日，汉口版《大公报》停刊。

10月中下旬张季鸾与邓颖超、秦邦宪为出席10月28日—11月6日在重庆召开的国民参政会第一届第二次大会，提前从武汉乘飞机抵达重庆。

10月25日武汉三镇失守。

12月1日，重庆版《大公报》创刊。该馆址设于新丰街十九号（后迁西郊李子坝建设新村自建新址）。重庆馆由张季鸾主持，曹谷冰任经理，王芸生任总编辑。

12月12日，张季鸾在重庆版《大公报》发表《灭亡的"平和"与奴隶的"平和"》社评，指出"敌人要亡中国，我们要救中国。敌人要消灭中国主权，而我们拥护之。敌人要奴隶中国民族，我们要完全得到解放。而这个不只是荣誉或屈辱的问题而是万代子孙生存或消灭的问题"。最后声明："中国抗战之目的，就是要平和。"这就"必须先以坚强善战，脱出了灭亡或奴隶之关头，必须事实打倒侵略才能不灭亡，不做奴隶，然后始有平和之望。任重道远努力！努力！"

12 月 18 日，汪精卫公开叛国投降日本，29 日在河内发表投敌叛国的通电——"艳电"，堕落为汉奸、卖国贼。

### 1939 年（民国二十八年）　五十二岁

2 月 12—21 日，国民参政会第一届第三次大会在重庆召开。参政员张季鸾出席大会。

2 月 20 日，蒋介石在国民参政会第一届第三次大会上代表政府作《国民精神总动员纲领》报告。《国民精神总动员纲领》是张季鸾亲自起草的。张季鸾在第二部分的"共同目标"中，重新提出"国家至上、民族至上、军事第一、胜利第一"四个口号，又由陈布雷增添了两个口号，成为六个口号，即"国家至上、民族至上、军事第一、胜利第一、意志集中、力量集中"。

5 月 3—4 日，日本帝国主义对重庆连续进行野蛮轰炸。

5 月 5 日，由于日机狂轰滥炸，重庆许多报馆被炸毁，蒙受重大损失，《大公报》馆是其中之一。在这种情况下，单独出版一时困难较大，重庆版《大公报》暂时停刊。重庆《中央日报》《新华日报》《时事新报》

《新闻报》《国民公报》《新蜀报》《新民报》《扫荡报》《商务日报》及《西南日报》等十几家报纸共同组成联合版。由王芸生、程沧波、赵光炎轮流主持，程沧波任经理，王芸生统管业务。

夏，张季鸾肺疾益剧，遂移重庆南郊汪山康心之的别墅静养。是时张季鸾已不常写文章，重庆版《大公报》社评经常由王芸生执笔。

8月13日，重庆版《大公报》恢复单独出版。

9月9—18日，国民参政会第一届第四次大会在重庆召开。参政员张季鸾出席大会。

是年，《大公报》社在德国购买单座滑翔机一架赠予中国航空委员会。该会命名为"大公报号"。

## 1940年（民国二十九年）　五十三岁

4月1—10日，国民参政会第一届第五次大会在重庆召开。参政员张季鸾出席大会。

4月2日，参政员胡景伊等一百零五人提出"声讨汪逆兆铭南京伪组织"的临时动议。经讨论，推张季鸾、陈豹隐、左舜生会同原起草人黄炎培、胡景伊、莫德惠作文字修正。

5月9日，（阴历三月二十日），于右任六十二岁生日，与张季鸾、康心之、康心如等同游重庆北温泉。

5月15日，在张季鸾、于右任、冯玉祥、陈布雷的推荐之下，邵力子被任命为驻苏大使。是日，张季鸾在重庆参加各界热烈欢送邵力子赴苏莅任大会。

5月16日，张季鸾在重庆版《大公报》发表《送邵大使赴苏》社评，指出："本来中苏关系是很重要的，而现在更增加其重要。这因为中苏两国的本身在世界全局上都增加重要，因而两国国交的发展，具有十分的重要性。特别关于亚洲的未来，婴以中苏关系之演讲如何，为其决定的要素之一，这在中国国民当然是格外关心的。""因为从狭义的抗战外交上说：中国抗日战争，直接保卫自己；间接则屏障友人。就苏联而言，苏联援华，增强我抗战力量，而因我抗战之故，使日本不能侵苏，因而使日德同盟流产，而有其后的转变，这证明中苏相亲，在过去确是彼此有利的。"文章最后写道："我们深信邵大使此行必能善尽其使命，而盼望其所成就者，绝不止于维持亲善之现状，而能以精神上代表中国民族之资格，对于巩固及发展两国之未来关系上有所解决。"可见，张季鸾主张中苏同盟是卓有远见的。

12月2日，张季鸾在香港版《大公报》发表《抗战新阶段之开始》社评，深刻地揭露日本政府和汪精卫共同签订的一系列"伪约"的反动实质和罪恶阴谋。"日本这一举动，无疑更激怒了中国民族，更坚强了全中国民众奋斗到底的决心"。因此，"我们更应警觉这次抗战的长期性，并应认识最后胜利绝非宿命的，必须我们加紧努力争取"。文章最后指出："抗战新阶段之开始，正是我们进入胜利的初步，因为一切的发展都是逻辑的，是我们早已预料到的，我们循既定国策向前迈进，必能达成最后之目的；唯一的条件，是要大家能刻苦奋斗！"

12月23日，张季鸾再任第二届国民参政会参政员。

**1941 年（民国三十年）　五十四岁**

1 月 1 日，《大公报》香港馆为派赴筹办《大公报》桂林馆的蒋荫恩、李侠文等四十余人在香港金城酒家举行饯别宴会。

1 月 2 日，张季鸾又邀蒋荫恩、李侠文、杨纪等在他下榻的香港九龙雅盖亭旅社举行宴别。4 日，蒋荫恩等一行离港。

3 月 1—10 日，国民参政会第二届第一次大会在重庆召开。参政员张季鸾出席大会。

3 月 7 日，国民参政会第一届第二次大会讨论通过了主席团提出的关于设置宣言起草委员会及其人选的议案。所有起草委员，除主席团为当然委员外，并加推张季鸾、胡健中、黄炎培、陈博生四人为委员，由主席团召集会议。

3 月 11 日，张季鸾和于右任、黄炎培、康心之、康心如等一百余人参加在重庆举行的公祭朱子桥将军追悼大会。

3 月 13 日，张季鸾在重庆版《大公报》发表《怀朱勤惠先生》一文，高度赞扬朱子桥将军以古稀高龄，奔走各地，救济流亡同胞，惠及三秦大地，裨益抗战，实非浅鲜。最后又赞誉朱子桥将军精神不死。

3 月 15 日，桂林版《大公报》创刊，馆址设桂林东郊星子岩。由胡政之主持，王文彬任副经理，蒋荫恩任编辑主任。

同日，张季鸾用"老兵"笔名，在桂林版《大公报》发表《重庆通讯》，报道国民参政会第二届第一次大会开幕情况。

3 月 16 日，"中国新闻学会"在重庆正式成立。张季鸾任大会主席团成员，并负责起草大会宣言。

同日，"中国新闻学会"召开首次会员大会，张季鸾当选为监事。

3月17日，张季鸾出席"中国新闻学会"召开的第一次理、监事会议。

同日，张季鸾在重庆版《大公报》发表《中国新闻学会宣言》代评。宣言指出："我国报人与国家民族命运特有最深厚密切之关系，故同人今日首先宣布：吾侪报人对于抗战建国实负有重大责任，夙夜自勉，不敢懈怠，苟利国家，万死不辞。"接着又写道："同人以为中国报人，必须完成中国特有之新闻学，以应我抗战建国特殊之需要，西洋方法，参考而已。"最后又指出："同人愿首先声明者，新闻记者本为自由职业之一，今日亦然，而意义有异。慨自敌寇入侵，国危民辱，成败兴亡，匹夫有责，今日抗战建国之大义，即在牺牲个人一切之自由，甚至生命，以争取国家民族之自由平等。"

7月7日，张季鸾在重庆版《大公报》发表《抗战四周年纪念辞》社评，这是他一生中撰写的最后一篇社评。文章结尾高呼："祝中国最后胜利！祝世界反侵略友邦胜利！打倒企图征服中国的日寇！打倒企图瓜分世界的三国同盟！打倒日汪伪约！打倒汉奸汪精卫！"充分表达了张季鸾对中国人民反法西斯战争的最后胜利寄予无限的希望。

8月18日，王芸生前往南郊汪山康心之的别墅看望张季鸾，时值日寇飞机对重庆日夜进行"疲劳轰炸"，张季鸾授意王芸生撰写《我们在割稻子！》社评。他说："在最近的十天晴明而敌机连连来袭的时候，我们的农民在万里田畴间割下了黄金稻子。让敌机尽管来吧，让它来看我们割稻子。抗战到今天，割稻子是我们的第一等大事。有

了粮食，就能战斗，就能战斗到敌寇彻底失败的那一天。"这是张季鸾最后一次谈论抗战文章。翌日，重庆版《大公报》发表《我们在割稻子！》社评。

8月31日，张季鸾因肺疾沉重，入重庆中央医院治疗。

9月6日，上午四时，张季鸾不幸逝世，享年五十四岁。